三星堆博物馆位于全国重点文物保护单位三星堆遗址东北角，地处历史文化名城四川省广汉市城西鸭子河畔，南距成都38公里，北距德阳26公里，是我国一座大型现代化的专题性遗址博物馆。博物馆于1992年8月奠基，1997年10月正式对外开放。

风景秀丽的原野下，埋藏着古蜀文化诸多的未解之谜。

悦读三星堆

悦读三星堆

　　1986年7月18日，砖厂的工人取土时意外发现了一号祭祀坑，出土了金杖、金面罩、青铜头像、玉璋等精美绝伦的珍贵文物。造型奇特的古蜀文物，犹如一个天方夜谭般的奇迹，一举震惊了全国，轰动了世界。

悦读三星堆

　　二号祭祀坑距一号祭祀坑不到30米远，发现时间相距不到一个月。出土有青铜大立人、铜神树、铜人头像、纵目面具等瑰宝。祭祀坑表层叠压着60多枚纵横交错的象牙，反映出古蜀人在庄严神圣的祭祀活动中，有用大群整象做祭祀牺牲的可能。

青铜神树，通高395厘米。中国古代有扶桑树和十日的神话传说：遥远的大海中有个叫作汤谷的地方，长着一株高达几千丈的扶桑树，树上栖息着十只被称为金乌的太阳鸟。三星堆神树和十日神话不谋而合，树上鸟栩栩如生，果熟叶肥神龙飞舞。它是古人心中的登天之梯，是十日神话的生动标本。

悦读三星堆

青铜鸟

青铜神树局部细节图

悦读三星堆

金杖全长142厘米,直径2.3厘米,净重500克,是迄今为止我国发现的殷商时代最大的一件黄金制品。杖身上刻有戴五齿高冠的人头和鸟驮一支箭射中鱼的图案。

禹铸九鼎,中国古代以鼎象征王权。用金杖象征王权只在古埃及和古希腊能找到相似例证。遥想当年,这柄神杖的威仪,可以震动一个幅员辽阔的王国。

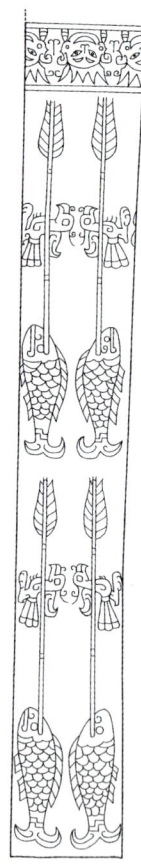

金杖纹饰

金箔鱼形饰
长22.8厘米 宽1.9厘米

金璋

金箔虎形饰
长11.7厘米

悦读三星堆

青铜纵目面具,宽138厘米,高65厘米,眼球柱状外突长达16厘米,最奇特的是它的招风大耳,许多年轻人把它视作外星人。史书云:蜀王杜宇乃"从天堕",即从天而降。这是否意味着三星堆文化的创造者们真的见识过天外来客?

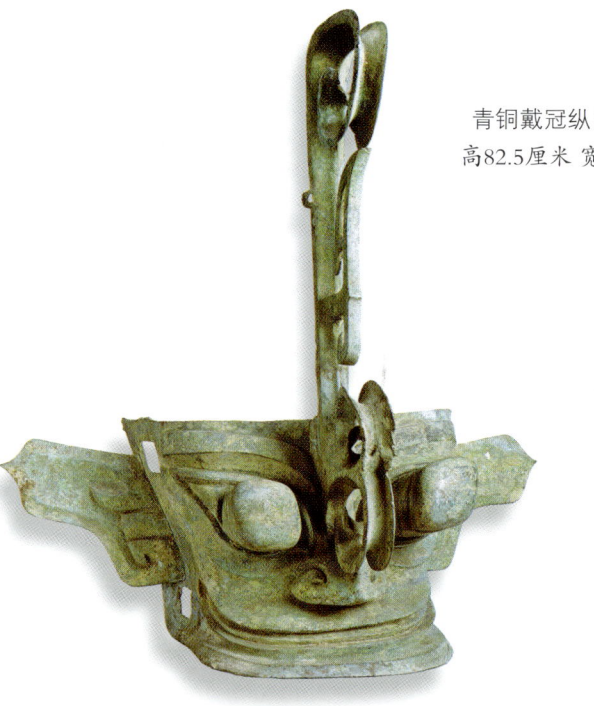

青铜戴冠纵目人像
高82.5厘米 宽78厘米

青铜大立人像,头戴莲花高冠,身披法带,穿左衽燕尾长袍,袍上锈有龙图,威风凛凛,双手夸张地握成圆环,赤脚立于方座之上。它象征这至高无上的神权和王权,是一个集神、巫、王于一体的领袖人物形象。

青铜大立人像身高172厘米,加基座通高262厘米,重180千克。它比我国历史上记载的秦始皇灭六国后铸造的"十二金人"早近1000年,比西方赫赫有名的德尔菲御者铜像、宙斯铜像早700年以上,被称为"铜像之王"。

悦读三星堆

青铜喇叭座顶尊人像
高15.6厘米 直径9.8厘米

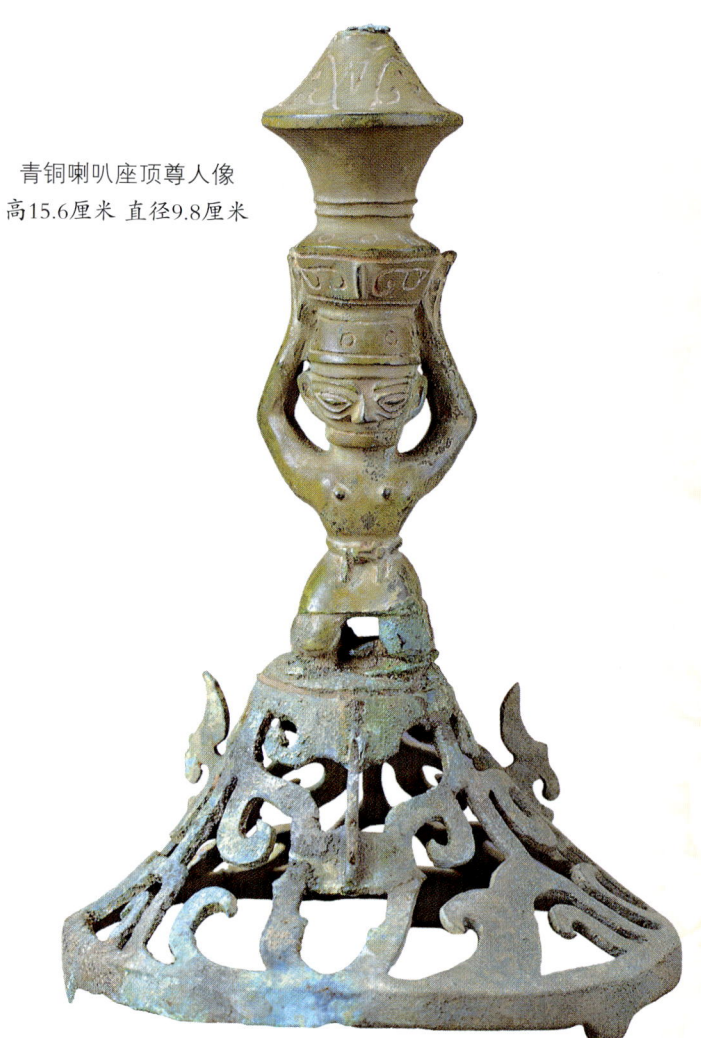

悦读三星堆

  顶尊人像虽然较小，但极为难得地再现了古蜀人用尊的场景。人像跪坐于喇叭形圈足座上，头顶着一个喇叭口尊，举双手扶住尊腹两侧。尊里面应放有海贝、玉环、玉管、玉珠等祭品。顶尊人像表现出三星堆先民祭祀时的严肃和虔诚。

跪坐人像是一个奴隶的形象,高14.6厘米,出土于一号祭祀坑。人像所穿服饰具有中原服饰的特征,右衽长袖短衣,腰部系两周腰带,下身着犊鼻裤。与青铜大立人像相较,服饰较为寒酸,显示出当时衣饰出现明显的等级区分。

悦读三星堆

悦读三星堆

当今社会有"往某人脸上贴金"的说法，三星堆的古蜀人则真往脸上贴金。金面罩是用一种枣红色的"中国漆"之类的树脂粘在青铜头像上的。戴了金面罩的青铜人头像，金光灿烂气度非凡，犹如天神降临人间。在夏商时代的整个中国范围内，从文献到考古资料，都无此文化因素的来源，而在埃及和西亚却有相似的例证。这是偶然的巧合还是冥冥之中的某种联系？

爬龙柱形器上的龙头大身子小,身子、尾巴和器壁相贴,前爪趴在器顶上,后爪紧抓器顶的两侧,一条小尾巴向上翘卷起,状若蜥蜴。龙头位于柱形器的顶部,高扬的龙头龙口大张,牙齿毕露,其相貌却并不凶恶,因为龙头上的犄角,大的一对很像盘羊角,龙的下颌上还长着长长的胡须,状若山羊胡子,所以一些学者将其称为羊龙。这条龙,很可能是一个集龙、羊、蚕、虎形象的复合图腾。三星堆文物中有大量龙的形象,爬龙柱形器是很具代表性的一件。

青铜罍

青铜尊

三星堆的青铜尊、青铜罍形制源于商文化,吸收了中原青铜礼器的各个文化要素,并按蜀文化的面貌予以改制。

悦读三星堆

青铜太阳轮
直径70厘米

古往今来，人们礼赞太阳崇拜太阳，人类塑造的最早的神就是太阳神，最早的崇拜形式是太阳崇拜。三星堆出土的青铜太阳轮，直径约为70厘米，中心是一个大圆泡，圆泡上有五根轮辐呈放射状与外径相连。规整的圆形和五等分的轮辐显示出三星堆先民已掌握了一定的数学几何知识。这件青铜器应是三星堆先民太阳崇拜的遗物，说明他们已有了专门的祭日象征物。

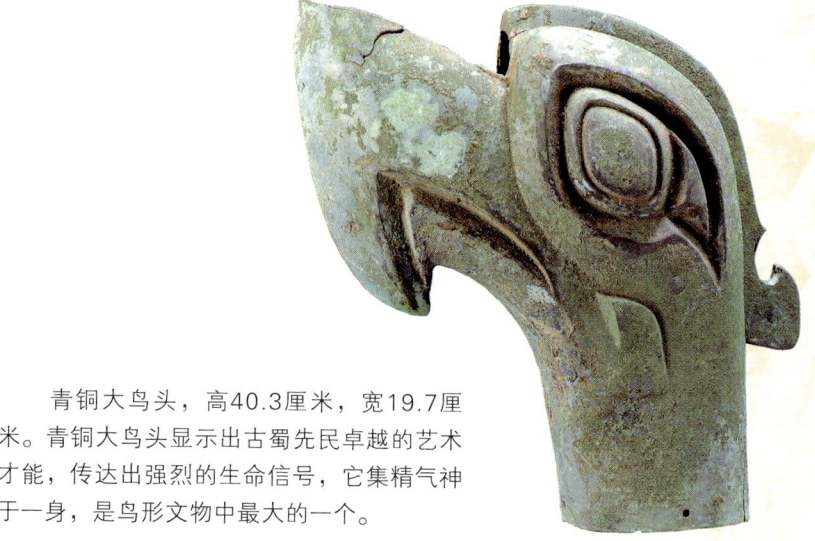

青铜大鸟头，高40.3厘米，宽19.7厘米。青铜大鸟头显示出古蜀先民卓越的艺术才能，传达出强烈的生命信号，它集精气神于一身，是鸟形文物中最大的一个。

青铜鸡
长11.7厘米 通高14.2厘米

三星堆博物馆中的国宝级文物——玉牙璋，璋体薄而大，乌黑发亮晶莹剔透，表现出高超的打磨抛光技术和钻孔工艺。由此可以推断，那时已有玉石作坊，能运用锯、凿、挖、琢、钻、磨、雕刻及抛光等工艺。三星堆遗址曾发现一坑磨石，磨石为大小卵石数十件，颜色呈青黄色，坚硬细腻，均有打磨面。明代的学者有记载："墨玉如漆者佳，西蜀有石类之。"由此可见，蜀地自古出墨玉应是事实了。

玉琮
高7.2厘米

玉璋
长38.2厘米 宽8厘米
厚0.84厘米

玉牙璋
长68.8厘米 宽7.5厘米

三脚陶盉,高44厘米,敞口翻沿,沿宽8厘米,连口带沿直径38.5厘米。三只袋形大足协调地撑开,呈鼎足之势,形制与中原地区"二里头文化"出土的陶盉有诸多相似之处。袋足中空,与口相通,容水量很大,足下可生火加温,既稳当,受热面又广。沟槽状宽沿既可烧沸鲜汤烫吃食物,又可加盖蒸煮食物,可谓是现代火锅的老祖宗。

悦读三星堆

三脚陶盉

悦读三星堆

陈立基 著

四川文艺出版社

图书在版编目（CIP）数据

悦读三星堆 / 陈立基著. -- 成都：四川文艺出版社，2018.12（2025.1重印）
ISBN 978-7-5411-5213-9

Ⅰ.①悦… Ⅱ.①陈… Ⅲ.①三星堆文化 - 通俗读物
Ⅳ.①K872.71-49

中国版本图书馆CIP数据核字（2018）第289650号

YUEDU SANXINGDUI
悦读三星堆
陈立基 著

责任编辑	金炀溟　余　岚
封面设计	叶　茂
内文设计	史小燕
责任校对	段　敏
责任印制	桑　蓉

出版发行	四川文艺出版社（成都市锦江区三色路238号）
网　　址	www.scwys.com
电　　话	028-86361802（发行部）　028-86361781（编辑部）
排　　版	四川最近文化传播有限公司
印　　刷	四川机投印务有限公司
成品尺寸	145mm×210mm　　开　本　32开
印　　张	6　　字　数　120千
版　　次	2018年12月第一版　印　次　2025年1月第七次印刷
书　　号	ISBN 978-7-5411-5213-9
定　　价	35.00元

版权所有·侵权必究。如有印装质量问题，请与出版社联系更换。028-86361795

目录

从温暖岁月深处回眸…… 1
象牙启示录…… 14
追梦的雄性目光…… 25
岷山昆仑里的乡愁…… 38
跟随一江天府秀色…… 53
悠然自得的古味…… 65
神采飞扬鸟脚人…… 76
辉煌壮丽火文化…… 87
神圣的泛灵崇拜…… 99
古道苍茫云水间…… 112
好一个巫玉世界…… 124
字里乾坤…… 139
长江文明的晨曲…… 155
从三星堆到金沙…… 169

从温暖岁月深处回眸

2011年10月11日，国家文物局公布了首批12个国家考古遗址公园，作为古蜀文明的代表，三星堆和金沙榜上有名。首批均是大遗址公园，像圆明园、周口店、良渚、殷墟、秦始皇陵，哪一个不是赫赫有名。考古遗址公园是国际上通用并日趋成熟的考古遗址保护和利用模式，三星堆获此殊荣，将使遗址成为令人流连忘返的游览胜地。古老的马牧河潺潺流过，12平方公里的遗址宁静神秘，祭祀坑、城墙等将重现原貌，在这个带有科普性质的遗址公园里，古蜀先民的生活场景将再现在公众面前。

初夏的三星堆博物馆，绿树葱郁、碧草茵茵，修葺一新的主馆耸立在鲜花绿树丛中，她已从"5·12"特大地震中浴火重生，虽说地震中那惊心动魄的一幕还历历在目，陶器被摇落摔得噼噼啪啪，青铜神树也摇得东倒西歪部件散落，游人惊惶地四散奔逃。是气壮山河的举国上下抗震救灾，使三星堆博物馆渡过艰危,仍迎来奥运圣火辉映三星堆祭台。大地震给人留下太多的思索,它提醒着生命的脆弱、生态的脆弱,也让人们对灾后的生活心存感恩。

沃野平畴上那三个高出地面十来米的土堆,和马牧河古河道毗邻的月亮湾台地,清代《汉州志》称之为"三星伴月堆"。这里土肥水美、物产丰富,辖区为四川省广汉市,属川西平原的腹心地带,史籍中记有"大旱不旱,蜀有广汉"的美誉。初夏正是这块沃土油菜小麦收获、水稻插秧时节,短短十多天,田野就从铺天盖地的棕黄变成了满眼嫩绿,秧苗在微风中轻摇着安宁和希望,像素妆的村姑,美得那么纯朴和诱人。博物馆巨大的馆体有如矗立在如诗如画的背景中。那螺形馆体触目就给人带来旋转升腾的感觉,这种造型立意深邃、古朴凝重,较好体现了古蜀文化的特色。当初筹备建馆,曾邀请了四川省建委、省建勘院、省规划院、西南设计院、省文化厅、文管会、旅游局、省博物馆等多家单位竞标设计方案。这一方案是1989年9月20日从参加竞标的18个建筑设计方案中认真遴选出来的,经受住了时间的考验。螺馆旋转向上的三围选择了土色墙面,暗含从"土堆"中长出的意味,螺线连续不断旋转升腾,至顶部归缩为一个三角尖塔,塔身三面各吊挂着一个纵目人像,三对纵目有如从历史深处射出那古蜀先民威严亲切、神圣而神秘、让人遐思悠悠的目光。

古蜀史曾长期沉寂,三星堆也是繁荣之后戛然而止云山雾罩，是天灾人祸，还是由于征战杀伐，使其上千年了无踪影？其间可否有崇高的献身和硝烟里的呐喊？痛苦挣扎和争斗平息后的和平岁月，锥髻左衽的古蜀人又迁往了何方？他们可否不忘故园，又回来捕鱼采撷过吗？那些湮没了三四千年的生命状态，是否像现在解读的那么粗野而虔诚，单纯而冷酷，真诚而开放？

想入非非地站在阳光下，忘了初夏的阳光已有点灼人，很快就被晒出了汗，赶紧躲到树荫下，凉意裹着淡淡的花香穿透心扉，一股脑儿将各种感觉搅和在一起，让人想歌、想笑、想大声说话。作为一个本地人，我曾上百次走进这座博物馆，每一次都觉得那么亲切那么感动。

远望西山，挺拔着黛色的剪影，仍然巍峨坚如磐石，那里属龙门山断裂带，大地震曾瞬间将其中的两座小山合为一座山，它离三星堆仅几十公里，真得庆幸脚下这个板块还算牢固，大自然修复灾难的能力也真强，短短几年时间，山体垮塌时留下的白斑已被绿色全覆盖，西山又宛若画屏了。

《山海经》记载有个"都广之野"，草儿冬天不枯，谷物冬夏播种，鸾鸟自歌，凤鸟自舞，据考证就在成都平原。《山海经》的《海经》，一般认为是战国晚期的作品，出自蜀人之手。"白发三千丈"的"都广之野"，不知经历几多兴衰和沧桑？《山海经·海内经》载："黄帝妻雷（嫘）祖，生昌意。昌意降处若水，生韩流。韩流擢首、谨耳、人面、豕喙、鳞身、渠股、豚止；取淖子；曰阿女；生帝颛顼。"据考证，韩流即高阳。擢首，即僵直的长脖子。谨耳是葫芦状的耳形，这两种体态特征，恰好在三星堆的青铜人头像中能找到例证。

颛顼在《史记》中列为五帝之二，是黄帝的玄孙，据《山海经·海经》记载，颛顼就葬在都广之野。颛顼的葬所，虽另有汉水、濮水之说，唯独出生地只有若水，若水即今天的四川雅砻江。颛顼兼采华夏、东夷两大集群的文化特长，曾断然实行"绝地天通"的宗教改革，特别是创制了测日影结合观天星以定季节的历法《颛顼历》，在《山海经·大荒西经》是这样记载的："有人名石夷，来风曰韦，处西北隅，以司日月之短长。"所谓"司日月之短长"，就是通过测量太阳光照在物体上的阴影长短，用以厘定一年的季节，一天的时刻，和确定当地的地理方位。这是远古先民出于生产和生活的需要，在年复一年观察太阳运行的过程中，经过综合整理，不知经过多少年，才逐步认识到的太阳运行的规律。与上面曾谈及的《史记·五帝本纪》中的记述：黄帝的两个儿子降居在蜀地的沫水若水，那就是说，黄帝应与蜀地有密不可分的关系。

天地玄黄，宇宙洪荒。近年来，学术界发现一个值得深思的北纬30°现象，两河流域文明，古埃及文明，中华文明，地中海爱琴文明，玛雅文明均处在北纬30°附近，而且发生、发展的时间也基本相近，这条纬线附近，汇聚了百慕大三角、埃及金字塔、巴比伦"空中花园"等地球上最为神秘的奇观和文化信息。其他文明均中断了，唯有中华文明一直延续至今，这不能不说是人类文明史的一大奇迹。三星堆恰好也在北纬30°，从1929年发现一坑玉石器，1953年冯汉骥等人提出三星堆一带可能有古文化遗址，到20世纪80年代发掘出12平方公里大小的远古遗址，再到1986年三星堆发现的两座商代大型祭祀坑，以及成都平原如今陆续发现的多处古蜀文化遗址，使古蜀文明成为中华文明群星璀璨的一个亮点，蚕丛、鱼凫顿时鲜活起来。深情回眸古蜀，三星堆人当年如何烈火熔金？用什么工具切割玉石？那柄金杖的神秘图案是否代表王权？繁荣两千年的古城为何废弃？这些令人振奋的命题，恰似高擎起火炬，照亮人们探索思考的道路。

　　由于没有发现文字，海内外的大量游客参观三星堆后，都说三星堆"神秘""神奇"，其实，它更本真的指向是"神圣"。尽管尚待破解的谜团很多，博物馆现有的文物和研究成果，已熠熠闪耀着黄金、青铜、碧玉般的光芒。2014年6月21日，中国和希腊两国总理共同出席伊拉克利翁博物馆新馆开馆仪式，李克强总理向该馆赠送的礼品就是三星堆的青铜纵目面具复制品。2015年5月23日，李克强总理在利马出席中国与拉丁美洲文明互鉴系列活动，参观展览时敏锐地发现，三星堆的文化图形与查文文化的图形有相似之处，"这足以证明人类文明内在理念有相通之处"。中拉之间的互鉴，具有坚实的文明基础。李总理向秘鲁利马考古、人类学和历史博物馆赠送了三星堆黄金面具复制品。三星堆文物复制品连续成国礼，其中大有深意：与著名的殷墟文化相比，三星堆文化虽然发现较晚，但已被视为中华文明多起源论的重要考古证据。这也意味着，在中国自身的土地上，文明本身就具备多样性，长江流域和黄河流域文明交相辉映。建馆18年来，三星堆博物馆让古蜀文明的影响迅速扩大，遍及泱泱华夏，抵达五洲四海，建馆可谓一个成功之举。

不过，当初是否在广汉建馆曾有过争议。首先，对于这些文物是否留在广汉，曾发生过激烈的交锋。当年担任县委书记的叶文志告诉我：1986年的一个夏日，他半夜四点多钟突然接到电话，说有人已将两个祭祀坑出土的文物装车拉走。叶文志顿时心急火燎地给广汉公安局局长黎登江打电话要求给予配合。公安局立即兵分三路，分别从向阳、中兴、复兴三处拦截，最后在向阳的路上将装文物的车子拦住了。双方僵持了一阵，最后拉文物的暂时把车开回中兴乡政府，广汉有文管所，也属文物较多的县级市，完全有管理辖区内文物的理由，而且其间已召开过三星堆文化的研讨会，两个祭祀坑发掘保卫工作都是广汉出钱出人出力。此后顺理成章促成了迅速建馆，继而公开展出声誉鹊起。

孕育三星堆的鸭子河在遗址北边蜿蜒流过，川流不息不舍昼夜，调整千年的时差，这片生命之水，毋庸置疑给古蜀先民提供了饮用、灌溉、航运之便。鸭子河古称雒水，"洛"同

"雒",亦记为"洛水"。《山海经》载,"女几之山,洛水出焉",可见其得名的久远。"雒"从"佳",属鸭雁类,四川人俗称为野鸭子,古往今来,冬春之间鸭子河上野鸭成群,一直到现在都是一道美景。

三星堆子民们,日出而作,日落而息,仰仗河流与土地繁衍生息。不知是何原因,兴盛了两千年的三星堆历史戛然而止,从这里消失得了无踪影。直到1929年春天,才在一把农民的锄头下初露峥嵘。使用这把锄头的老翁燕道诚年过七旬,他住在鸭子河边的月亮湾,那天,他带了点春困的感觉去看儿孙们车水灌田,龙骨水车吱吱嘎嘎转动着,那是一种现已退役的木制水车,轴上的齿轮连着一个木槽中的刮板,蹬踏轴上的踏板,带动刮板将水由低处刮向高处,虽属简单机械,功效却比肩挑高出许多。他见倒流堰的来水太小,叫坐在水车上的人停住踏动,下来将龙窝(车水用的水坑)掏大一些。以下的故事就带有传奇意味了,锄头碰到一个硬物,竟是个大石壁,掀开石壁,露出一个深约3尺的长方形土坑,坑中竟躺着一大堆色彩斑斓的玉石器,中间是成锥状从大到小堆叠着的一沓石壁,下面的石壁比脸盆还大,上面的仅有鹅蛋大小。芝麻开门般的神话让燕氏父子目瞪口呆,他们心跳加速血朝上涌,聪明的老爷子毕竟在衙门里当过"师爷",有一些见识,他迅速指挥把洞口盖了起来,停止了车水,等到夜深人静才全家出动,将这批宝贝弄了回去,计有玉琮、玉圭、玉珠、玉斧、石壁等多个品种，总共400多件。随后他们将其分为五处埋藏起来，由于过度紧张兴奋，据说燕道诚害了一场大病，但这个天大的秘密被他家守住了。那是一个值得记住的春天，一部普通的农家水车，竟掀开了一部古蜀都的神秘档案，三星堆从此成为四川考古的一块风水宝地。

直至一年后，见社会上没什么异常反应，燕家才逐渐拿出一些来馈赠亲友。之后，广汉圣公会基督教传教士董宜笃得知这一消息，搜集到几件玉石器，去成都华西大学找地质学家戴谦和鉴定，惊动了"华大"博物馆葛维汉馆长。华西大学博物馆鉴定为商周之物，广汉月亮湾的藏宝神话立即在成都传得沸沸扬扬。1934年春，葛维汉同林名均带领考古队到月亮湾台地进行考古调查和发掘，采集到出土的文物有玉璋、玉圭、玉琮、大小石璧、石斧、石刀及陶盆、陶盘、纺轮等陶器残片600余件，较为详细地了解到这里是一处古文化遗址，根据出土器物推测，其时代约在公元前1100年，并提出"广汉文化"的下限系商末周初。这次发掘还得到了当时旅居日本的郭沫若的高度评价。更大的惊喜来自于50年后，1986年8、9月间，在相邻仅30米内，两个大型祭祀坑接踵惊现，出土了上千年稀世珍宝，被誉为20世纪最重要的考古发现之一。

美妙的序曲飘飞在阡陌纵横的鸭子河畔，"三星堆"这个看似有点土气的地名顿时身价百倍。这片原野位于天府之国的核心区域，星罗棋布的沃野平畴上，农家小院四时皆有风景。

茅草房曾是最有特色的民居，这种木骨泥墙上盖茅草、麦草、稻草的建筑延续了数千年，居然可以追溯到三星堆时代，学者将其称作干栏，已发现的有圆形和长方形两种，上下两层，上层住人，下层堆放杂物或饲养牲畜。茅草房就地取材造价低廉冬暖夏凉，近三十年才逐渐被砖混结构取代。

当年的鱼凫女王，住的房子肯定要高大些，不然怎么体现王者的威严？近两年，在三星堆遗址青关山台地发现一座长60米、宽20米，面积超过1000平方米大房子，极有可能就是她的"宫殿"。房子虽大，但推测起来，房顶多半盖的恐怕也离不开茅草、树皮这些材料，可以称为宫殿式的茅屋。三星堆的神奇吸引了众多美术家的关注，有美术家把鱼凫女王塑成了面孔俊美明眸皓齿黑发披肩的模样，她上身赤裸下穿短裙，嘴角带着慈母般的略显羞涩的微笑，赤脚站在青铜大鸟头上。美丽的女王统治着这方遥远的美丽沃土，庇荫了从母系到父系社会的历程！女王浅浅的微笑，应是现代美术家崇敬的解读。当灾难降临，街市、作坊、宫殿和王城突然灰飞烟灭时，她恐怕早已悲痛欲绝。

这些承载神话的珍宝隐含着遭受的劫难，连青铜大立人和青铜神树都断成几截，看着还原的祭祀坑场景就不免让人唏嘘，当年他们是从容离去还是落荒而逃，可否留下印记挥泪而别？两个祭祀坑都指向西北的岷山，是否隐含着什么深意？期望与失落、奔逃与死亡，藏宝时，是否发生过混乱与争斗？三星堆的泥土城墙上残阳如血，芦笛萧萧。

　　古蜀先民从蜀山出发，是否又回去过？他们是翻越九峰山，还是顺着岷山河谷来到了成都平原？是一路还是分成几路，举族而迁想必定会走走停停，抑或会在某地做过较长时间的居留，再继续探路前进。迁徙可否是遭受了大地震？他们是否驮着蚕茧和谷物的种子，手握青铜兵器，一路张弓搭箭，来到沼泽密布的四川盆地？拓荒的过程肯定异常艰辛，狩猎和采集必须面对凶禽猛兽，饿肚子的时候恐怕多的是，其间可否有与土著的争斗？他们最终选择留下来，可以肯定的一点是，这里的生存环境比蜀山要好些。

　　抚今追昔，人类终于发展到了宇宙飞船上天，人类基因结构破译，生物可以克隆，电脑将偌大一个地球连接成地球村的时代。回望蚕丛鱼凫，多亏三星堆曾默默地守望，不然，后人将很难触摸到古巴蜀那些灿烂华章，神树上的鸟居然能与十日神话衔接，站在神兽上的神人手能托起大山，文了身的美腿抓住鸟头可以向霄汉飞升，一切都是那么想入非非又神采飞扬。

　　川西的黑土地提供给先民们的衣食住行，原野以藏愚守拙的宁静，不动声色地演绎了天府之国的黎明。古蜀先民对成都平原的开发是成功的，灿烂的文化绵延数千年就是实证。能找到的蛛丝马迹，自秦惠王灭巴蜀后，秦益富饶，繁荣的巴蜀对秦成帝业，起了重要作用。再往后，巴蜀也曾支持了刘邦旷日持久的楚汉相争，"高祖因之成帝业"。经过一段时间休养生息，西汉时京城长安的人口是8万户，成都已达到7.6万户，居第二位。在以后重大的历史关头，天府之国的粮食，曾一次次拯救过全国的饥荒。

山水依然世事沧桑，这片土地也屡有灾荒、瘟疫、兵祸，并非一帆风顺。明末清初尚有人口锐减的记载，明朝万历九年（1581）统计，全川人口380多万，到清初时少到了可怜的60万，百年间锐减320万！谁能想象得到，在这个如今人口密度每平方公里超千人的地区，竟活跃着成群的华南虎，并酿成当时中国最大的虎患。清政府通过几次大规模移民，才解决了这个问题。现今，追溯三星堆多数居民的谱系，祖籍不是湖南、湖北，就是广东、福建，与"湖广填四川"有关。

民国时期，百姓生活亦霍乱流行，水灾频仍，再加上匪患、兵祸，日子过得苦不堪言。抗日战争时期，日军飞机频繁空袭四川，并对鸭子河边的广汉机场进行过空袭，警报一响，人们扶老携幼逃到田野里，只有胆战心惊躲在巴茅野草丛中，屈指算来，距今仅仅70年时间。抚今追昔，和平安宁的日子确实来之不易，是经过多少代人的艰辛努力才得来的啊！

进入新千年后，遗址区的两座祭祀坑恢复了发掘时的面貌，坑上方盖了钢化玻璃，可供游人参观。站在玻璃上，可以清晰看见祭祀坑黄土龟裂出的条条裂纹，坑中重重叠叠堆满文物。加盖的地方较高，参观点绿树成荫，大片的格桑花姹紫嫣红，树多鸟雀也多，有的鸟甚至就停在塑有鸟型文物图案的栏杆上鸣叫,俯视坑中的鸟型文物,确实蛮有情趣。三星堆鸟多,亦有众多鸟形文物,甚至连舀水陶勺的把柄都刻成鸟头状,鸟头把勺是祭祀时的舀酒用具,鸟是三星堆人主要图腾崇拜物,被看作通天通神的使者,是太阳崇拜的集中体现,亦反映了古人热爱大自然,与大自然和谐相处的理念。

在强大的自然力面前,人类显得十分渺小!古人遇到灾变的惧怕肯定更胜。古蜀先民那时狩猎和春种秋收,完全靠天吃饭,肯定难以果腹,于是他们只有相信天上住着神灵,地下到处都有鬼怪,建坛祭祀,祭天地、祭祖先、祭鬼神,并且奉献出珍宝、谷物等最好的东西,虔诚有加顶礼膜拜,寄希望感动神灵上天赐福。三星堆众多的礼器,叠印着人类童年重重叠叠的期盼和辛酸。当年的祭祀,其隆重庄严程度恐怕不亚于诸葛亮借东风的场面。旗幡飘扬,香烟缭绕,巫师踏罡布斗,念念有词,在乐曲歌舞声中,祈愿裹着青烟袅袅飞升。祭祀有没有人祭的现象?我宁肯相信主祭者是女王,因为女性的心肠柔软些,出现血淋淋场景的概率小一些。

思绪随着螺馆旋转,旋转升腾让人想到龙,三星堆有不少龙的形象,青铜大立人衣服上绣着龙,铜绣斑斑的铜柱上爬着龙,青铜神树上的龙从天而降,这些龙,有别于现在的中国龙,都是异形,方头且头大身躯小。爬龙形铜柱上的那条龙,呲牙咧嘴,留着山羊胡须,居然长着大小两对犄角,大盘羊角和山羊胡须,会不会是古羌族的图腾?"羌"字释义为牧羊人，至今青藏高原上仍生存着大角盘羊。身躯小成细蛇形身子，紧抱铜柱，这可是中国最早的"龙抱柱"形象。神树上的龙则有着大方头，长细的辫绳身子，让人联想到伏羲和女娲都是人首蛇身。当年，庞大的羌戎民族，在青藏高原的边缘岷山间完成了游牧到粗耕农业的进化，是华夏文明的组成部分，异形龙隐隐透露出蜀族的来龙去脉。

　　沃野让人沉醉，数千年前的三星堆，蓝天碧水肯定又是另一番美景。在美得让人心颤的三星堆这片沃野上，更迭着胜衰，一个种族逃离了，另一个种族复又来临，创造出一个新的繁荣。这确实是一方好山好水，故事有声有色的演绎着，秦灭巴蜀时置雒县，从那时起，两千多年，这里已有文字可考。

象牙启示录

  象牙珍贵，中国享誉世界的牙雕工艺，历代留下不少奇珍异宝，而且古代的象牙制品，几乎遍及各种生活用品，包括日常使用的象牙筷子，如果没有方便的原料来源和长期实践，哪能取得如此之成就！河南安阳"妇好墓"中发现象牙雕刻品数件，其中，两个象牙杯、一件笔筒状的"筒形器"，表面雕刻着异常精美的纹饰。在山东大汶口文化遗址中，也发现用整根象牙切割雕镂的"象牙雕筒"和象牙琮。

  牙雕工艺的源头，三星堆应算一个。一些象牙工艺品埋藏了三四千年，居然还留传了下来，如呈长鼓形和算珠形的中有规整穿孔的象牙珠120颗，和雕刻兽面纹和云雷纹的象牙器残片四件等等。同属巴蜀地区的重庆巫山大溪文化墓葬中，也出土了用象牙做成的耳饰、臂饰、项饰。牙雕反映出象牙在远古人类心目中的珍崇地位，在三星堆文物中，青铜大立人握成环形而又夸张的双手，有学者认为握的就是象牙。国宝级的青灰石边璋上刻绘的古蜀祭祀场景，图中悬置于右边神山内侧的弯状物，也酷似象牙，特殊的位置表明了它特殊的用意。三星堆人还将大象铸成了青铜雕塑，大立人像基座和神坛的中层，四方铸有带长鼻的大象头颅形象；那个称作大象头的青铜人头像，帽子上的大耳朵和卷曲的象鼻子生动而富有想象力。

  在现在的四川地区，除了在动物园，大象早已没了踪影。三星堆两个祭祀坑却惊现体形较大的80根象牙，一号坑13根，二号坑67根，如果让40头大象复原，恐怕谁都会惊叹其阵容之强大。而更让人震惊的是2001年，在金沙遗址又发现了1000多根象牙，重量在两吨以上，那可是500头以上的大象啊！其中最大一个象牙坑，上部很有规律的平行摆放着象牙，层层堆积，约有八层，最长的象牙达到1.85米，这种尺寸比之现代的亚洲象都称得上是冠军级的。如今的云南象牙一般只有70厘米，最长的也只有1米。金沙遗址的象牙，不仅有完整的，还有只截留象牙尖部的，以及切成一段段饼状和圆柱状的。加上报告文物部门之前被施工的挖掘机挖碎的，象牙用箩筐装，堆成一座小山，使用象牙如此奢侈，在中国乃至世界考古史上，都是从未有过的惊人发现。这些象牙源自何方？是与云南乃至南亚的交换得来，还是当时本地活动着象群？众说纷纭。由此反观将成堆的象牙埋葬，绝非一般的理由所能解释。而象换牙齿，都要找隐秘之地埋藏，古蜀森林茂密、泥沼遍布，要找到埋藏地很难，如果靠捕获小象进行驯养，成吨的象牙又要经过多少年的积累？这真是难解之谜。

古蜀的象牙确非"舶来品"，远古的四川确应活动着数量庞大的象群。那时，四川盆地一是个神秘野性的原始丛林生态，参天大树蓊蓊郁郁，龙干虬枝，遮天蔽日。金沙遗址保留有一棵古树巨根，人站在透明玻璃钢上往下看，硕大的树桩直径至少两米，苍劲遒壮的根系舒展开的范围有100平方米之大，这样的巨树生长在成都平原的中心地带，简直是今人所难以想象的生态环境。在绿野苍苍、森森林莽中，大象们尽情挥洒着它们那硕大的、呼啸的、雄壮的、所向披靡而又优哉游哉的生命节拍。

面对如此庞大的象群，惊叹之余，谁都会生长出被征服的感觉。在那些合抱巨树藤萝密挂的森林中也杂花生树群莺乱飞吗？人类捕获象群，象群也袭扰人类吗？免不了玄思妙想、心驰神往。如果置身于那人迹罕至、空气清新的远古森林里，赏心悦目不知作何程度？再回到如今公路、铁路四通八达，高楼林立的成都平原，人类的生活条件是越来越好，大象却早已绝迹，难免不让人有点沧桑之慨叹。

世界上最大的秘密，莫过于生命的秘密。大象现已成为中华大地的珍稀动物，只有云南的西双版纳还有一些野象。三星堆、金沙的象牙是记录物种变迁的实证，今天来自昨天，了解从前对认识未来只会有益，追思那些森林之王的消失，谁是神秘杀手？

走进古文献和考古发现中,进入那些离我们已很久远的年代,就会发现在古代中国广袤的大地上不乏大象的行踪。邵望平先生在《尚书·禹贡》的论文中提出:公元前3000年期间,进入考古学上的龙山时代。这个时代形成的龙山文化群体,是中国文明的基地。《禹贡》记述的九州,在很大程度上与当时的文化区系相对应,其内容之古老、真实,绝非后人凭想象所能杜撰。《禹贡》中就有记载"荆州厥贡羽毛齿革","扬州厥贡齿革羽毛",齿,就是象牙,显示出远古时湖北江苏一带有大象,而且象牙在那时已被选中,成为珍贵的贡品。蒙文通先生考证:《禹贡》曰"荆河惟豫州"的豫字,与服象有关。所谓"服象",即驯象为人类服役。大象为温驯之动物,较易驯服,象力气大,驯服之大象,可用作运输、打仗和观赏。河南简称"豫","豫"字为象、邑二字之合文,有"人牵着大象"的意思,"豫州"当以产象而得名。这个简称,说明当时河南地区大象当不在少数。

据古代传说,帝舜年轻时,曾用大象在历山耕田,历山在河东,亦即古代之山西,而且,舜的弟弟名字就叫象,说明在远古时代,黄河流域之山西就活动着大象。甲骨文中有"获象""来象"之文几处,说明"获象"已成为殷商时期的重大新闻被记录下来。再者,由于大象的灵性和巨大体形,古人希望借其克敌制胜,从殷商开始将其引入了战争。《吕氏春秋·古乐》载:"商人服象,为虐于东夷,周公遂以师逐之,至于江南。"说的是商纣王以象军为主力，对东夷开战，打了大胜仗。却没料到"螳螂捕蝉，黄雀在后"，自己的都城朝歌因防务空虚，被周王率领大军乘虚而入，牧野一战，纣王大败而身死国亡。以象成军，气势恢宏浩浩荡荡，说明大象曾广泛生活于黄河中下游地区。

周朝建立后，规定王室贵族子弟15岁就要学习"象舞"，源于殷人能驱象作战，周公打败了殷人，取他们驯象的舞蹈来宣扬自己的武功。大象被艺术化为舞蹈，可见象在那个时代介入人们生活的多个层面。惜乎这个"象舞"失传，要是能见到，不知好有力度？使用象军的记录，一直到延续到清初。《明史》载：洪武四年（1371），明将傅友德率兵伐蜀，曾遇到蜀丞相载寿用大象组成前沿方队顽强阻击；《广东新语》记有一个"义象"的故事，明末李定国驱使象群攻打肇庆，兵败后，群象为敌方俘获，有两头大象，一不下跪、一不吃东西死去，其余的象终日悲伤地流泪，弄得敌帅没有办法；《简明清史》中也记述，1652年，李自成余部在荆襄山区也曾用大象阻击清军，"兵未交而象阵前列，劲卒山拥"，将清朝定南王孔有德的大军杀得一败涂地。南明永历皇帝和清初吴三桂叛乱，均有象军作战，其事载于明、清大库档案及刘献廷著《广阳杂记》等书，人类虐使大象作战，不知给大象造成了何等伤痛？这些记录，免不了让人猜想古蜀先民猎象、训象、服象、用象的场景。大象是体积最大的陆栖动物，在缺少先进武器的商周时期，要猎获数百头成年雄象，简直没法想象。

其实，四川盆地大象的行踪还能推到更遥远的年代。1951年，修建成渝铁路时，在资阳县黄鳝溪发现了属于更新世晚期（距今约3万年）的"资阳人"头骨、一个骨椎和许多动植物化石，动物化石有鹿、麝、猛犸象、剑齿象等。这种早已绝迹的猛犸象身披长毛，性情凶恶，一对长而粗壮的象牙强烈向上并后弯旋卷，其体形大小和现代象差不多。它们十几万年前生存于欧亚大陆北部与北美洲北部的寒冷地区。在北极圈的冻土层中曾发掘出猛犸象化石，中国的黑龙江、新疆等地曾发现它的化石。四川盆地出现猛犸化石，是个较特殊的典例，很可能标志着这种远古巨兽所分布的最南界限。1976年发现的铜梁县旧石器文化遗址，出土的动物化石中已有东方剑齿象和印度象，碳14测定，年代距今2.1万年。印度象当与现代的亚洲象接近。1982年，在广汉连山乡，出土更新世中期的剑齿象臼齿残部化石一件、骨骼化石一件。1980年，在广汉三水乡出土更新世晚期纳玛象臼齿1件、肢骨化石3件，这些考古发现，印证了远古四川大象有自己的进化过程，印证了《山海经》中记录的"巴蛇食象，三岁而出其骨，君子服之，无心腹之疾"和"岷山，江水出焉……其兽多犀、象"并非虚妄。《国语·楚语》有"巴浦之犀、氂、兕、象，其可尽乎？"的记载。成书于公元4世纪的《华阳国志·蜀志》载："蜀之为国，肇于人皇，与巴同囿。……其宝则有璧玉、金、银、珠、碧、铜、铁、铅、锡……犀、象。"作者常璩，蜀郡江源人，蜀人记蜀事，他将"犀、象"作为"二宝"，当十分可信。

据古地质史，在距今1.9亿年前的石炭纪、二叠纪和三叠纪初期，四川盆地还是汪洋一片的古巴蜀海。三叠纪末和侏罗纪初期发生了喜马拉雅造山运动，亚洲板块隆起向东南倾斜，古巴蜀海海水东出三峡，四川才变为陆相沉积。在第三冰期（20万年前）时，盆地内还是一片砾石，地质学称为"江北砾石"。直到第三间冰期（15万年前）方才形成了成都平原。又经过多少年的地球地质和气候变化，这里才日渐优良。当地球最后一个冰期肆虐的时候，似乎唯独眷顾了这块土地，保留了一部分未受冰河侵犯的绿色走廊，留下了今天弥足珍贵的大熊猫、金丝猴、银杏、水杉、桫椤等一批古动植物，亦有被称为活化石的中国鸽子树——珙桐，珙桐开花宛若白鸽，春天花开时节，风动绿叶白花，宛然似群鸽扇动天籁般的生命旋律，那个久远年代大自然的神奇，给想象插上翅膀，让人熨帖舒心。

难以想象，漫漫进化的岁月中，象群曾历练过多少次洪水的侵袭、暴雨的浇淋，承受过多少严寒的冰冻、雷电的袭击。然而它们忍受适应着，顽强地生活着。在那个险象环生的冰河时代，象群不知付出了何等惨重的代价，才走出冰天雪地，争夺到属于自己的一片空间，保住了那一条生命链条？三星堆和金沙的这批象牙鉴定属于亚洲象，亚洲象的性格较温和，象群是典型的母性社会，多以一头母象为首，领导着一群母象和小象，过着有组织的生活，小象一般要带到5岁。成年的公象离群索居，或自行成群。它们的活动地多为洼地或森林中，雨季就迁移到草原上。也有个别例外，缅甸和泰国的象，就栖息活动于3000米到6000米湿冷的高原上。大象是素食动物，每天要用四分之三的时间进食，体重达到4吨，一头成年大象每天要吃100多公斤食物。别看其体形庞大，它们却具有高超的游泳技巧。大象又是很聪明的动物，大脑体积是人脑的4倍，智商比海豚高，在动物世界中，居第二位。大象毕生以沉默和跋涉保持尊严，它们每小时行进3公里－6公里，每天走48公里。同伴死亡，象会发出悲鸣，母象死亡，小象会悲伤地站在旁边哭摇，其他母象会自动担当起照顾小象的职责。一旦衰老，怕自己死亡给象群造成伤害，老象就孤独地悄然离群索居，直至死去。这是一个令人肃然起敬的"大象守则"。古蜀的那些大象，它们当也是这般步态凝重，神情安祥，有着如此丰富的情感世界。

历史地理研究佐证，在距今3000年前后，属于全球温暖期，平均气温比现在高出2℃－3℃。当时四川盆地的平原上湖沼纵横，一片片高大的丛林中，密布着蕨类植物，湖泊中藻类密集，岸边翠竹丛丛，当是一个朦胧而清新、古朴而雄奇、祥和而神秘的世界，提供给大象的也是一个理想的生存环境。

大象的灵性，受到古人尊崇也被神秘化，古人甚至认为象牙会产生非凡的力量。《周礼·秋官·壶涿氏》中就记载了用象牙杀水神的巫术："壶涿氏掌除水虫，以炮土之鼓殴之，以焚石投之。若欲杀其神，则以牡樟午贯象齿而沉之，则其神死，渊为陵。"三星堆祭祀坑出土的象牙迭压在祭祀坑的上部，有的插入铜人头像的倒三角颈内。这些象牙未经过加工，身上又有焚烧痕迹。极有可能是在施行巫术。也许，祭祀坑中这批神器的拥有者和埋葬者分属两个民族，胜利者缴获了属于战败者的神器，按照古人"神不歆非类，民不祀非族"的信仰，又害怕这些神器作祟，给自己带来危害和灾难，权衡利弊，只有忍痛割爱将其火燎砸打后深深埋葬，又在上面压上一层具有魔力的象牙厌胜，就像如来佛将孙悟空压在五行山下，还要在上面贴上一道符，使其永世不得翻身一样。金沙遗址紧邻河边，象牙镇杀水怪的作用更为明显。因为在修建都江堰之前，成都平原的水患频仍，古蜀人在对洪水万般无奈之下，只有寄希望于象牙，在祭祀中将珍贵的象牙成捆丢入滚滚波涛之中，期望消弭洪灾。洪水暴虐恣肆毕竟会结束，江河又会碧波荡漾，款款柔情播撒着生命的玉液琼浆，让古蜀人尽情享受风光如画的平原。在新的一轮洪水泛滥之前，古代的巫师说不定还会宣传象牙消灾取得了成效。

　　金沙遗址有一件玉璋残片，刻绘着一人侧跪肩扛象牙，保留下古蜀人祭献象牙时诚惶诚恐的情景，如此心境，恐怕很难与猎象联系起来。再说，当时缺少先进的工具，要猎获成年的雄象简直难以思议，答案扑朔迷离得让人理不出头绪，但古蜀人却做到了，并获得了数以吨计的象牙。也许捕获大象的日子就是一个节日，场面肯定异常壮观，包括神圣隆重地庆祝，喝酒吃肉载歌载舞，最后宝贵的象牙被敬献给了领袖人物，作为施行巫术的法宝供奉在祭台上。

远古的象牙已很难得存，挖出来后，一接触空气，很快就变成粉末状。但它们身上，却颤动着极具魅力的音符。它们当时生活的场景当是一个动物世界，所以《山海经》中记录了那么多诸如九尾狐、蠱、马腹、穷奇、蛊雕、罗罗鸟等匪夷所思的奇禽异兽，大象和它们在一起演绎着神异雄奇的生命进行曲。

大象曾生活得那么自由美好，它们躲过了第四纪冰川的浩劫，躲过漫漫历史进程中的灾难，"都广之野"的象群最终没能躲过人类开发造成的损害和侵扰。由于人类活动频繁，土地大量开垦，森林萎缩，或许也有洪灾及突发性的自然灾害的影响。加之气候变迁，中国的气候从西周开始变冷，大象最终在四川盆地消失。如此庞然大物，在人类贪婪地创造财富的进程中，居然扮演的是受害的弱者形象。当今时代，科技迅猛发展，信息、数字化日新月异，又不知有多少物种会步其后尘？远古象牙带来的魅力是璀璨的魔幻的，蜀地曾拥有神秘的象群，而且古蜀人拥有足够的胆量和智慧，曾驾驭了象群，说不定已有了驯象、服象。三星堆一号坑上部有一层约三立方米的骨渣，打得很碎并经过火烧，大概是燔燎后的遗存，经鉴定除了猪、羊的肢骨和头骨，还有象的门齿和臼齿。

在古蜀人庄严神圣的祭祀活动中，他们为何要将大型动物骨头打得那么碎并火燎后埋藏？其中会不会还有尚未发现的象骨？他们有没有用大象作为祭祀牺牲的可能？吃不吃象肉？如果情况果真，那恢宏惨烈的场面将使人难以置信，此举不仅在中国古代文化史上绝无仅有，而在世界上也难找到相同的例证。时移事易，现代人普遍认为川西平原上的四川人个子小性情温和，有盆地意识，文风多婉约。三星堆和金沙遗址的象牙，不仅给我们带来了属于热带的温暖、远古生态的多姿多彩，并且勃动着古代四川人足够粗犷豪放的一面，它们以一种别开生面野性十足的丛林文化气息，展示出一种原始神秘的大美，使古蜀文明闪耀着奇光异彩。

追梦的雄性目光

三星堆青铜纵目面具的那对眼球肯定是最特异的，保准会让你过目不忘。因为那对眼球呈柱状从眼眶中伸出来，长达16厘米，像操纵柄一样可以用手握住，而且中部还有一道箍，似带了个镯子。这奇崛诡异的眼球生长神话，仿佛带给人几分温暖的灼痛感，又似携着犀利的洞察力，那目光如星如月，如夜行的火把，而且异常质朴和厚实。品读这离奇得匪夷所思的纵目，那远古洪荒中生存的期盼和刚强便扑面而来，只觉得它凝日月之精华，汇天地之灵气，蕴涵着人类童年的艰辛和希望，让人惊讶赞叹不已！

青铜纵目面具宽138厘米，高65厘米，是三星堆的一个国宝级文物，它不仅眼球怪异，而且五官都很奇特，大耳朵状如猪耳，却平展伸开如两把扇子，眼睛之下是硕大的蒜头鹰钩鼻，还有一张紧闭的阔嘴，从左耳根直拉到右耳根，这副尊容在童话世界里恐怕也很难找到同类。纵目雄赳赳的野性十足，带着怪异的震撼力,让人心生敬畏,忍不住会发问,我们地球上真会有如此古怪的同类?带着疑惑屏神静气多看几眼,就发现它虽则怪异却并不凶恶,虽说有刀刻般的轮廓线条,但那微微上翘的嘴角,倒像挂着一丝笑意。

引起的猜测之多自不待言,一些年轻人甚至把它当作天外来客,活灵活现地推测纵目是外星人的望远镜,可以如变焦镜头般自由伸缩。那额头上竖起的夔龙冠就是遥感天线,收发来自宇宙空间的神秘信号,需要时竖起来,不用时就缩回去。古史载:蜀王杜宇"从天堕",即从天而降,这种记录难道真含有天神下凡的某种暗示?

对这个纵目神,老百姓来了个比较通俗的解释,称它为"千里眼顺风耳",伸长的眼球和夸张的大耳表示超强的视力和听力,可谓恰到好处!学术化的解释更富考据意味,称它与古蜀蚕丛王有关,"蚕丛纵目",纵目就是眼睛突出来;《山海经》中也有一个"直目正乘"的烛龙神,直目也是眼睛凸出,眼睛突出来的纵目神正好吻合了这些记载,它或许就是远古"蜀人的祖宗神图腾"。

纵目上跳荡着如烟似雾的古蜀历史,当人们被它吸引得脚跟前移,身子前倾时,那跨越千年的目光,就会以5000年的质量和重量击中你,传递出巫术、咒语、火焰等的意象,风光乍现远古的莽莽高原和苍苍大地,一片浑然高古、和谐宁静。在那个被绿色浸润得化不开的世界里,未被污染和干扰的空气清新得沁人心脾，鸭子河碧波滚滚，浮动着缕缕寒意，河两岸古歌回荡，百谷自生，鸾鸟啄食晨光，灵鱼跳进手掌，神树"建木"神异地矗立着，古蜀人认为这片这仙境般的原野处在天地的中央，天府之国最初的文明就在这里孕育。

纵目充满智慧和想象力，是一种精神品质的具象化，眺望的目光闪动着古老的开放和自信。简直没法想象古蜀先民是如何获得了这个想到天外的灵感的，或许真个是受到了太阳柱的启示吧！圆形的太阳会出现柱状？又是一个离奇得不敢想的事情，不过追溯历史还真有记载。四川盆地多云雾，每当盆地内的云层向西运行，碰到西北大山的迎风坡面时，常常形成波涛汹涌千变万化的云海，在远古清纯的空气中，日出日落云雾乍破之处，太阳折射偶尔会出现瑰丽无比的柱状奇观。四川的志书和游记载：日晕出现时，太阳呈光柱状由淡而浓，由模糊渐变清晰，柱径很大，光晕数重。日晕中还会显现橙黄色的亮点，其形状像佛头，或如鸟立，或如大鹏飞翔，灿烂的霞光照彻天地，美丽的光辉一直射进人的心中。不要说亲眼见到，就是想一想那妙不可言的壮观，也会觉得空气都馥郁醉人。美妙的太阳柱感动着古蜀先民，古蜀先民渴望纵目眺望，二者一结合，于是铸就了这神奇非凡的眼球。这个解释或许有点玄，但倒勉强可以接受。于是在这种远大目光的引领下，有了披荆斩棘走出盆地的探索，开始了史前的大范围交流，有了穿越千山万水联系到中原乃至南亚、中亚的元素。事隔数千年重新凝目对视，仍能感受到那斑斑铜绣里的风霜雨雪，领悟到丝丝缕缕探索的勇敢和艰辛，和那曾遗落在盆地深处的坚定信念。

充满着虎虎生气的纵目让人浮想联翩，光的拱门打开了，依稀一弯两河环抱的古城，黄土堆筑的高高城墙，四条鱼被穗形箭射中，四只鱼鹰栖息在金杖上，印象之林走马灯似地旋转着，真真切切而又朦胧闪烁。

纵目沉睡数千年，感受过太多的星移斗转兴亡盛衰，期待和渴望被一寸寸拉长，于是有了这古老而神秘直来直去的目光，它毫无遮拦，像黎明遥挂天际。目光中跳荡着破茧成丝的喜悦，有发现五谷的欢欣，当然还有驯服鱼鹰，在湔江捕鱼的悠悠时光，这些都与最基本的生活有关，但又是了不起的奉献。还会有啼血化鹃的变奏飘出来，那个教民稼穑的杜宇，效法尧舜将王位禅让给鳖灵，他是否真个甘愿退隐西山？那个开明王坚定地疏通金堂峡，使盆地水退土肥，出现沃野千里，是他的经历融入了大禹故事，还是大禹治水本身就包含古蜀的内容？

赤裸裸的目光朴素而坦诚，牵引着思绪在远古穿行。原生态风光有如清晨般美好，在遮天蔽日的原始森林里百兽率舞，游荡着成群的大象和许多叫不出名的动物，犀牛在河里畅饮梦的琼浆，毛色斑斓的猛虎居然和梅花鹿做伴。树上珍禽作歌，百鸟朝凤，凤鸟的彩羽灿若云霞。鸭子河和马牧河河边则是一片开垦出来的土地，土地上五谷飘香，河边的青草地上正在牧马放羊。当瓦蓝的天宇升起一轮素月，轻纱似的雾霭时卷时舒时，一群笑语欢声的姑娘出现了，她们有着黝黑的身躯，健壮的臂膀，她们披着梦幻般的月色在河边踏歌起舞，然后就沐浴在鸭子河的清波上，玉体在朦胧的水雾中演绎国色天香，蜀人的老祖母们潇洒曼妙将博大的母爱挥洒开去，终于浸润出花开的声音，蜀人的丰富多彩于是有了和谐的缘起。

纵目挺举着拓荒者一往无前的力量，这对有着硬邦邦力度的目光是雄性的，奉献出远古人类艰危生活中的那份单纯和美好，可以击碎所有的软弱和怯懦。古蜀先民曾群情激昂地狩猎，住山洞，造石室，训养家畜，浇灌禾苗，艰辛而快乐地生活着。他们百折不挠地用朴素简单的生活态度照亮现实的困苦，才造就了如此的挺拔、勇敢和刚强。

怀着崇敬之心品读纵目，虽说塑造它的有力臂膀也已远去，古蜀人虔诚的梦想已杳若黄鹤，古蜀的春华秋实亦已凋零。但纵目是一位忠实的导游，可以把你带到遗址区，看那些剥离出来的小水沟遗址和房屋柱洞边排列有序的鹅卵石，让你看那一串串卵石上隐藏着的人生故事，引领你追寻文物里的精彩。也许这种追寻有些奢侈和迷茫，很难找到入口和路径，甚至会出现思绪的影子践踏影子，迷离彷徨连着迷离彷徨的状况。碰了钉子不要着急，惊心动魄的挺立会吸引你支持你。纵目或许应是抽象出来的概念，是古蜀人目光的聚合体，如同天上的云，地上的树，或是一群催春的布谷飘荡在岁月的轨迹上,解读和想象丰富多彩,感觉却实实在在。

青铜纵目不仅藏着丰富的故事,而且彰显着古蜀的冶金水平。这种铜加锡或铅形成的合金,不仅能降低熔点,提高硬度,亦能增加光泽度。古蜀先民用智慧破解了铅不熔解于铜的难题,均匀地把铅滴进铜液中,从而增加了铜液灌注时的流畅性。其青铜技术水平足以让人震惊和敬重,因为它比之同时代的中原,可以说不相上下,并且在世界范围内都不算落后。金相分析显示,三星堆青铜中还含有微量的磷,在商代青铜器中尚属特例,含微磷不仅充分提高了强度、硬度和弹性,还极大增强了青铜的流动性,这些情况表明,三星堆人已掌握了当时顶尖水平的青铜合金脱氧技术,这对于偏居一隅的巴蜀来说,简直是一个奇迹。这些远古先进的冶炼技术始于何时?它是本土发明还是舶来品?铜矿石又来自何方?是附近的彭州还是遥远的云南东川?冶铜的燃料是什么?取火方式是钻木还是敲击燧石?一个个都是难解而又闪光的命题。更有甚者,蜀地的火井古已有之,左思《蜀都赋》中就曾描绘其"火井沈荧于幽泉,高爛飞煽于天垂",其中难免隐含着一种可能,会不会在古蜀时天然气就已被发现?因为冶炼切割玉石的硬质材料需要很高的温度,用木材作燃料根本无法达到。《尚书·禹贡》中记载:古"梁州"向中原进贡除金银外,还"厥贡 、铁、银、缕、砮、磬……""铁"无需解释;"镂"为钢铁,可以刻镂,只有今天的"钢"才能办到;"砮"为铁矿,可以炼铁作箭镞，"铁""镂""砮"均为钢铁，古"梁州"对应着今日的四川地区，这无疑是一条珍贵的重要冶铁线索。

从纵目上读不尽生命的意象，过去、现在、未来，轮番潮涨潮落，追忆像影子飘忽不定，流逝的时间在磨损心扉的门环，松动了人的牙齿，昏花了人的老眼。遽然觉着纵目里闪动着黄色的元素，时间像一把刷子，亦将艳阳骄傲的黄色，刷涂在了纵目犀利的目光里。有铺展开的黄土地，有流动的黄色大河，和沉淀在中华民族引以为骄傲的黄皮肤的影子。沐浴在混合着黄色的青光里，一双数千年前明亮的眼睛，从猿到人，从狩猎到农耕，亦汇聚了丰富多彩的黄色记忆。

这对雄奇、丰富、童真的目光，跳荡着阳刚的父爱，亦闪动着慈祥的母爱，隐约传出那段纯真动情的古歌："嘉谷旨酒，可以养母；旨酒嘉谷，可以养父。"这歌唱如天籁绝响，因为它挺立在数千年前，填饱肚子是人类第一大要务，显得那么本真而动人。播撒了天府之国第一片希望的那群人，经过筚路蓝缕地拓荒，深情歌唱的是人性，是真情，把孝敬父母当作头等大事，携着浓浓的人情味，有着天籁般的生命价值。皇天后土庇荫后人，开天辟地警醒世人，没有老祖宗的开发，哪得这片天人合一的天府。

纵目是一束来自生命深处的目光，生存的沉重，洞开的心扉，至尊和谐的爱意，分分毫毫都带着纯朴的馨香。在古老的期冀中，巍巍青山起舞，苍苍大地含笑，思想伸出翅膀，灵魂起锚远航。当年的崇高理想可曾萦绕高高的西山？那是一个备受景仰的神话天国，高一万仞、方圆八百里的昆仑横亘天际。戴着玉首饰、满口虎牙、有一条豹子尾巴的西王母就居住在那里。雪峰闪着炫目的银光，"身大类虎而九首，皆人面"的开明兽，东向站在昆仑山上。西王母的大门上恐怕一定盛开着雪莲花，屋檐上挂满剑芒似的冰凌，岩石般的墙壁上应是刻着谷穗、玉璋、太阳轮的图案，九头鹰盘旋在她的头顶，一行行蝌蚪文字龙蛇般游动其间。西王母文化是中华文化源头之一，在中国民间传说中已有数千年历史，全球有很多华人华侨信仰西王母，在种种传说中，她有两个属性是颇为恒定的，一为"西方"；二为"女性"，她是西部女神，同东部帝王之间存在微妙的对应，其间，渗透着华夏民族阴阳互补、东西相依的价值观念。《穆天子传》中有一段记载，周穆王从"东土"跋涉万里抵达西王母的国度探险，被"虎豹为群，於鹊与处"的景象深深感染。于是，周天子与西王母在瑶台上，就展开一场最浪漫的宴饮对歌，西王母歌曰："白云在天，山陵自出。道里悠远，山川间之。将子无死，尚能复来。"（山高白云远，路途悠长千山万水，祝你长生不老，还能再来相见）周天子答之："予归东土，和治诸夏。万民平均，吾顾见汝。比及三年，将复而野。"（现在我要回东边去治理国家，让百姓过上和美的日子，我会想着你的，过些年我肯定会回来的）最终随着穆天子手执白玉圭和黑色玉璧、晋见西王母而达到高潮。西王母崇拜还与华夏民族的玉石崇拜密不可分，昆冈之玉，既是滋养周代社会内部各阶级之符号生命的营养，又与西王母合一，作为稀罕之物，而凌驾于包括天子在内的所有等级之上。

农历七月十八是民间传说中西王母的诞辰，随着西王母神话传说入选国家级非物质文化遗产，近年，在新疆天山天池连年举办西王母文化庙会，表达对这位生命之神、繁育之神的景仰。纵目神兀立在红丝绒展台上，如炬的目光有如熠熠闪耀着西王母的故事。当初鱼凫女王祭祀时，它是供奉在祭台上还是挂在图腾柱上，在香烟缭绕钟鼓齐鸣中接受膜拜？纵目神睥睨千古地俯视奔腾的河流和丰收的原野，静静地聆听成败与得失，太阳的金光染黄了谷物，温暖了篾筐内蠕动的幼蚕。结果是，它带着先民们的梦想在火中凤凰涅槃，演绎一曲奉献的古歌，让原初的精神之花传诸后世。在崇敬的思索中，仿佛觉得纵目里似有火焰呼呼着响，蒲扇大耳跳跃着火舌，紧闭的阔嘴挤压出火花，空气中蹿动着火星，红丝绒上红光闪闪，富贵与贫贱，困顿与奋起，祭台上的刽子手和牺牲品，一切都在燃烧，连思想也蹿起火苗。用双手在脸上抹了一把，转眼之间红光褪去，在橘黄灯光照耀下的纵目神平静得让人心惊，有如岁月眨了眨眼，雄起起的目光已被固定。

出土时，纵目神残留着被击打火烧的痕迹，其中或许还隐含着一幕凄惨的场景：祭祀台上埙声凄厉磬声抑郁，青烟裹着悲怆，旗幡飘着哀伤，巫师带着金面具高举法杖祝祷得声嘶力竭，最后嘴角翻着白沫倒在了祭台上。当他浑身震颤重新站立起来时，俨然天神附体，语无伦次地转述着神的旨意，将五齿高冠叩碰在了祭坛上，祭坛下黑压压一片跪着渴盼神灵显圣的臣民。烈火熊熊，火塘上的肉香，血红的太阳，以及活了三十多岁就算高寿的荣光，古蜀先民所有的虔诚和希望都在火焰中燃烧，打碎的兽骨在火中嘶嘶作响，大火吞噬了古蜀人用生命打造的金杖、玉璋、大立人和纵目神，吞噬了他们多少代苦心集聚的财宝，然后被五花土一层层掩埋，纵目出土时铜锈斑斑有如留下重重泪痕。但这一切都没能扼制住灾难，通往安宁的大门未打开，而通向灾难的闸门却洞开了，古蜀王都被废弃，田园荒芜，子民流散，也许还有洪水的肆虐，城墙出现了缺口，滔滔巨浪涌进了城市，房屋成片倒塌，古蜀人哭地喊天，惊惶地四散奔逃。或许还有巫师的徒子徒孙毅然跳进滔滔洪水，向河神献身，但最终没能挡住洪水，茅草屋漂浮在洪水上，陶罐沉入水底，多少代人的惨淡经营顷刻化为乌有，三星堆地层剖面的厚厚淤泥层沉积着痛苦。纵目伸长着虎啸狼嚎中卧薪尝胆的开拓，生命诞生时的喘息，壮士临终前的长啸，鸭子河边的布谷催春，却催来瘟疫流行，族人成片死亡，部落里游荡着魑魅的鬼影。

纵目神坚定地挺立着这片厚土曾有过的辉煌，这里的勇士曾帮助周武王伐纣，冲锋陷阵，戴着面具歌舞以凌殷人，巴蜀曾拥有《蜀本草》的诞生，往事如烟袅袅余音，高天兀自日升月落，厚土兀自五色杂陈。

人总是善于幻想，真想像魔术师样伸手能握一握纵目，被纵目带电击打也在所不惜，电流在掌心脉冲，会是凉丝丝硬邦邦的感觉，还是那道箍有点烙手？纵目上那道箍或许应是一道伤痕，是神就会预知未来，似乎在被火烧砸打、埋入祭祀坑中那一刻，它就痛彻心扉预料到古蜀国终将衰亡，五丁开山，会引来了秦国大军挥师南下，它不忍卒睹古蜀亡国的悲剧，本想把目光缩回出，怎奈被箍住缩不回去了，这伸长的目光，在平原温暖的黑土下最终淡化了兴亡盛衰，一任莺飞草长。本想就此安静地躺在大地的怀中，听任在岁月的长河中化归泥土。没想到被一把普通的沿用千年的锄头轻轻唤醒，复苏出"芝麻开门"更丰富多彩的神话，悠长的岁月疗治了伤痛，悲剧变成了喜剧，巴蜀融入中华有了更加灿烂辉煌的前景。

如炬的目光中亦蕴涵着田园牧歌，狩猎采集亦有丰收之时，石磬陶埙的乐音婉转飘飞在草坝上火堆旁，骨哨、石磬和埙齐奏，姑娘小伙的舞步踏动多少芳心，陌上桑间的故事是那样纯真诱人。在那个常常会食不果腹的年代，人间更多的是友爱互助，因为生存需要互助需要团结，群体的力量是生存的必要条件，这种前提不需要提醒。

5000年的时光铸就了一副饱经风霜，把世道人心看透的目光。没想到这份深沉反而弄了个面具的名称，并博得了中国最早面具的美誉。面对不绝于耳的褒奖之声，纵目紧闭阔嘴，兀自孤傲地挺立着。它何尝没看清，骄傲的现代人其实好多都带着心灵的面具。朵朵锈花破解忧伤和迷茫，能给后人的心灵增加亮度，增添几丝清醒。但是话说回来，纵目和自然环境是不相适应的，眼睛那么娇嫩，长长的眼球，怎能受得住日晒风吹雨打！"物竞天择，适者生存"，不适应必遭淘汰。纵目是一道难解之谜，那是一个字刚刚诞生时，被刻在甲骨上的模样，古文字中留着一段苍老的声音："蜀"字突出了"目"的含义，字上部象征纵目，横起的"目"就是一对鼓鼓的大眼睛，下部那条"虫"，与蚕有关，一个字竟隐含着一个民族的来历，这种精彩恐怕只有象形的汉字才能完成。

蜀族的祖先蜀山氏处在远古民族融合的前沿地带，纵目是不带盆地意识的目光，直来直去能穿透盆地云遮雾罩，山河阻隔，比较封闭的自然条件。远古的岷江上游地区曾有一群无比生动的身影，他们刀耕火种，狩猎采集，耒耜犁地，那里的纵目人留下了石棺、石室（石头砌的房子）。后来蚕丛氏称侯立国了，称作蜀侯蚕丛，鼓眼的含义一路传承。汉代，在今四川茂县以北的叠溪建立蚕陵县，一说到叠溪，最让人惊惧的就是地震，1933年的叠溪大地震，山崩地裂顷刻间使叠溪永远沉入湖底，只留下山岩上"蚕陵重镇"四个石刻大字，诉说着高岸为谷深谷为陵。叠溪在龙门山断裂带，是地震多发区，显然会影响到蜀山氏的生存发展，汶川大地震距叠溪大地震，仅75年的时间，可见龙泉山断裂带上地震的频繁和惨烈，在古蜀族的童年，大地震将会给他们带来难以愈合的伤痛！或许也是他们远走他乡的一个重要原因吧！所以那对眼神伸得那么长，流露出那么多期盼、渴望和坚韧。

　　数千年的埋没终于锻就了一醒惊天下的黎明，纵目复苏的光芒使人痴迷，让人眩晕。我爱上了他眼神中的锋芒，爱上了他灵魂深处的那份单纯，爱上了他一往无前的巨大身影和他那沉重而又坚毅的步履，生命和荣光属于他。我甚至觉得，再没有一个目光能像他一样有如此真诚的诉说和解析，沐浴着21世纪的阳光，他每天都衍生着精彩的故事。凝视纵目神，那对永不陨落的目光，以远古的名义，颤动着无尽的追逐梦想的警示。

岷山昆仑里的乡愁

中国古代的活字印刷、指南针、火药和造纸术,被称为"四大发明",极有造福人类之功。英国哲学家弗兰西斯·培根在《新工具》一书中指出:"印刷术、火药、指南针这三种发明已经在世界范围内把事物的全部面貌和情况都改变了:第一种是在学术方面,第二种是在战事方面,第三种是在航行方面。"来华传教士、汉学家艾约瑟又加入了造纸术,成为"四大发明"。后来,李约瑟对"四大发明"进一步考证和肯定,从此它们就成为中国古代科学技术的明珠,世界扬名。

冷静地思索一下,无论是培根,还是艾约瑟、李约瑟,他们都是以西方的视角来阐述和定位的,自然对那些在近代西方发展上起过重要作用的技术格外青睐。如果从中国和人类历史的角度来看,"四大发明"之外,他们显然有极为重要的遗漏,比如陶瓷、驯化水稻和丝绸。后三者不仅极其古老悠久,从经济范畴直接造福于人类,陶瓷解决了用,水稻解决了吃,丝绸解决了穿，大大改善了人类生存条件，当之无愧应是最伟大的发明。

就说丝绸吧，其发明时间至少可追溯到5000年前，从养蚕到缫丝，然后纺线织布上色、最后做成各式各样衣物，柔软的丝绸，以它魔幻般的色彩和手感，形成幽雅奇幻的气质，代表了精致、富庶、高贵以及摇曳生姿的理想生活，自古就形成丝绸产业，为此发明了一系列工具、机器，形成了工艺和艺术。美轮美奂的丝绸，在走向世界的过程中，成为我们这个民族一根生动的血脉，纵横古今，受到全人类的喜爱。

四川是中国丝绸发源地之一。《蜀中广记》记述了这样一个故事："蚕女者，高辛氏之民。蜀地未立君长。无所统摄，其人聚族而居，递相侵噬。广汉之墟，有人为邻士掠去已逾年，惟所乘马犹在。其女思父，语马：若得父归，吾将嫁汝。马遂迎父归。乃父不欲践言，马跄嘶不龁。父杀之，曝皮于庖中。女行过其侧，马皮蹶然而起，卷女飞去。旬日见皮栖于桑树上，女化为蚕，食桑叶，吐丝成茧。"文中谈及的高辛氏即帝喾，三皇五帝之一。这故事还散见于《山海经》《搜神记》《太平广记》及扬雄的《蜀都赋》等多部著作中，其深广的影响力不言自喻。蚕女故事带推原神话色彩，蚕身白嫩，有点像美女的冰肌凝脂，其身姿多呈半卧半抬头状，头又几分似马，所以荀子在《蚕赋》中描述："身女好而头马首"，于是很早就获得了"马头娘"的称谓。"民女化蚕"的故事虽类神话，个中却承载着一个重要信息,隐隐联系着中华养蚕的源起。

古代的丝绸可以成衣蔽体,其优秀的品质足以展示身份和地位,亦可充当货币、军饷和财富。丝绸更是一种精神,在我们民族的心灵史和成长史中,担当了独立、自信、富裕、和谐和原创的象征。养蚕的始祖是黄帝正妃西陵氏女嫘祖,这个观点已为大众普遍接受。还有一说是蜀山氏,知者甚少,因为典籍中记述不多,而且断断续续,但近些年这个观点颇有兴盛的苗头。大体能弄清的线索是:蜀山氏生活在岷江上游,与黄帝有姻亲关系。"蜀"字从"虫",字形上就像蚕,最初与野蚕有关,其上部颇似一对鼓鼓的大眼睛。野蚕性孤独,专食桑叶,在枯叶上或草丛乱石间吐丝结茧,其茧可缲粗丝。将其驯化集中饲养充满了挑战意味,需要极大的耐心和智慧,而且是一个漫长的过程。蜀山氏的一大创造,就是将这种野蚕聚集驯养成了家蚕,剥茧抽丝成绸,并形成了产业,在四五千年前,是多么了不起的大事!一个"蜀"字,尽现古蜀蚕桑文明发祥的丰功伟业,岷山有了让他们穿过岁月阻隔,俯瞰历史风雨的情愫。

岷山显然隐含着一条古蜀文明谱系,遥想远古那些被藏北高原恶劣气候弄得疲惫不堪的古羌人,为了生存,千辛万苦辗转东来,也许最早就住在岷山的山洞里。这片灵山秀水滋养了他们艰苦卓绝的努力,他们战胜了当地的戈基人,形成了半农半牧兼渔猎的生活方式,有效地改善了衣食问题,搭建石室,完成了从蜀山氏到蚕丛氏的过渡，蚕丛氏出现后，蜀山氏便不再见于史籍。蚕丛氏大约最早居住在茂县的叠溪镇一带，汉代曾在那里设置蚕陵县。扬雄《蜀都赋》章樵注引《先蜀记》称："蚕丛氏始居岷山石室中。"茂县（包括营盘山遗址）、汶川、理县一带曾发现多处石棺葬，汶川县还发现有新石器晚期的石斧、石锛、石凿等文物，印证了这些史实。

岷山逶迤挺拔于四川盆地西北部，古时岷山曾称作"昆仑"，很长一段时间，岷江源甚至被认作长江源。现代的年轻朋友可能会觉得奇怪，昆仑山不是在青藏高原吗？在《山海经》《禹贡》《水经注》等古籍中，"昆仑"被尊为"万山之宗""龙脉之祖"，鼎鼎大名最终落实在现在的地理位置之前，确实有过一些地理位置的变化。中国最古老的地理书《山海经》中有十多处提到"昆仑"，有西北的昆仑、海外的昆仑。《尔雅》云："三成为昆仑丘，是昆仑者，高山皆得名之（同意相假，三成即三层，泛指很高的山）。"无疑，那就是说昆仑是天下最高的山，在中国西部，位于大地的中央。

《山海经》中的昆仑又称作"昆仑之虚""昆仑之丘"，另《山海经·海内西经》又载："海内昆仑之虚，在西北，帝之下都。"郭璞作注："言海内者，明海外复有昆仑山。"又据《海内北经》："昆仑虚南所，有氾林方三百里。""氾林"指"林木泛滥布衍"之大森林；《海内西经》"河水出（昆仑）东北隅以行其北"。这"昆仑"当在黄河之南；《大荒北经》"若木生昆仑西";《海内经》"黑水、青水之间,有木名曰若木,若水出焉"。这几处指的"昆仑"不仅在黄河之南,又在若水上源之东(若水即今雅砻江),这座大山当然就是岷山莫属了,所以,蒙文通先生将其称作"岷山昆仑"。

岷山莽莽苍苍,主峰雪宝顶海拔5588米,山上的冰川银光闪烁,哺育了岷江、嘉陵江等众多江河。山光水色风景如画,至今保存着人间仙境般的九寨沟、黄龙等胜景。山上森林密布,至今存活着珙桐、水杉等珍稀植物。深山密林里则是大熊猫、金丝猴、扭角羚、梅花鹿等珍稀动物的乐园。2006年,"中国四川大熊猫栖息地"列入"世界自然遗产"目录。大熊猫古名"貔",5000年前,黄帝曾率领熊、貔、虎、豹等部,经数十次恶战,在坂泉战败蚩尤,入主中原。当时那支称为"貔"的部族肯定生活在有大熊猫的地区,而且发生了故事,产生了感情,要不然怎会将其奉为图腾!

地质史透露,岷山躲过了第四纪冰川的浩劫,成为当时人类的避难所,人类在岷山及周边地区留下了许多创世纪的努力,铸就了一段远古的荣光。《山海经》中记录着中华祖先西王母出自岷山,伏羲、女娲、颛顼、夏族的先祖鲧和大禹,周族的先祖后稷,都有出自岷山地区的记载。从炎黄、后稷开创的粗耕农业,到伏羲的八卦及道家后来天人合一的思想;从颛顼所造的历法,到远播荣光的丝绸文化,都与岷山地区有联系。以川青高原古昆仑山系为分水岭,向北是黄河、湟水、渭水；向南是岷江、沱江、嘉陵江等长江水系。四川境内呈南北走向的长江支流，其河谷地带给氐羌民族南迁创造了条件，他们沿着这些河谷走向成都平原，这片地区有如一条文化传播带和民族迁徙的长廊。这些迁徙中，有伏羲女娲部从岷山北麓迁向河南，有黄帝及其曾孙鲧、开创华夏之基的禹和周稷向中原的东迁，有蚕丛氏向南迁往成都平原。一个个族群带着大山一样的气魄，向周边迁徙发展，一路繁衍光辉灿烂。

岷山昆仑的称谓已渐行渐远，但它并没有离开过我们民族的文明进程，相反，它的壮丽风景中，保存下了对英雄祖先的记忆、追怀和景仰。它雄浑、它内敛，却一直在酝酿庄严神圣，用纵贯古今的脉脉深情，为我们民族的过去、现在和未来恳切祈祷。相比于山地，川西平原显然更适合农桑，几代蜀王都先后来到温暖腴沃的成都平原，取得了巨大的发展。灵山秀水为古蜀先民提供了繁衍生息条件。山水滋养了人文，古蜀先民尊崇大山，认为山可以通天，上面居住着神仙，岷山是古蜀的发祥地，也就成为古蜀的神山和祖神的归宿之地。

但是《史记·正义》引《谱记》却留着"蚕丛国破，子孙居姚、嶲等处"的记载，国破后的蜀族逃亡到四川西昌和云南姚安一带。这两地已远离成都平原。从这点上探究考量，蚕丛应已来到了成都平原，蚕丛国破应包含三星堆的国破，因为仅是岷山地区的国破了，完全可以在三星堆地区组织抵抗嘛，何必要逃到西昌乃至云南那么远的地方。推断国破时间当在3000年前，而且应与商朝有关。因为之前，蜀与夏关系密切，商汤伐夏桀立国后，肯定会清算夏的姻亲和盟国，成都平原上的蜀人和岷山的羌人在所难免。殷墟甲骨文中多次出现过"蜀"，却迄今未见"蜀方"记载，蜀显然并非商的方国，而且三星堆古蜀都邑面积达3.5平方公里，远比早期商朝都城大，这种明显的"僭越"，显然是商王无法容忍的。商和蜀处于亦战亦和的状态，有时互派使者，有时又兵戎相见。从殷墟卜辞中的"征蜀""至蜀"看，蜀曾遭商的征伐，却未将其讨灭，而且蜀曾一度将势力扩大到了今天的汉中地区。后来蜀更是成为"牧誓八国"，参加了周武王伐商纣的战争。从这些遥远的蛛丝马迹中不难发现，蜀族多数时间是偏居一隅自得其乐的，男人打猎女人采集，刀耕火种，饮酒冶铜。成为"牧誓八国"伐商纣时，蜀国肯定已比较强大，拥有了成都平原和岷山地区。

《华阳国志》云："此三代（蚕丛、柏灌、鱼凫）各数百岁，皆神化不死，其民亦颇随王化去。鱼凫田于湔山，今庙祀于湔，时蜀民稀少。"又载："鱼凫王田于湔山，忽得仙道，蜀人思之，为立祠。"所谓"神化不死""忽得仙道"，都意味着消亡，不能排除发生了政权更迭。"时蜀民稀少"的"蜀民"是指蚕丛、柏灌、鱼凫族，还是另有所指？从最近公布的三星堆发现北城墙和新石器晚期墓葬看，这里很早就有土著人生活，蚕丛、鱼凫都是外来户。鱼凫之后为杜宇，杜宇来自朱提，和杜宇结婚的女子梁利，说不定就是土著人的女王或公主。杜宇晚年，荆人鳖灵从楚地溯江而上，并最终以外来户身份建立开明王朝。或许，这些外来的主政者一出现特殊情况，土著人就抓住机会，附庸新来的强大力量重新建立新朝。

岷山的莺飞草长时节美不胜收，山腰上挂着婀娜多姿的云雾，植被深绿、浅绿、绛紫的新芽碧亮碧亮的，五彩斑斓。山峦古道间，不经意就冒出几个薄石板或松树皮做屋顶的房子，古意昂然。公路有好长一段同白波翻涌的岷江比肩而行，岷江有如汇集了千山万壑的清纯，山光水色赏心悦目。羌寨中，长条形的碉楼有股凛然的气势，斑驳的墙面既有沧桑古意，又仿佛写满质朴和饶勇，只看一眼就会终生留在脑海里，碉楼瘦长的碉身不经意就与三星堆大立人细长的身躯联系起来，审美取向竟如此近似！羌族男女挥舞着串铃皮鼓，杀羊烤肉，喝咂酒，围着篝火唱歌跳舞的场景让人流连忘返。"花儿纳吉"的歌唱，浓烈的原始情味纯朴本真："菜子开花满地黄，割了菜籽种高粱，好喝不过高粱酒，好要不过妹和郎，接亲大姐来得早，请到后院啃青草，吹吹匠命穷，嘴上含个气筒，想吃人家的凳凳肉，屁股挣得溜红。"一下子就将人拽到了遥远的过往。

岷山多地震。2008年汶川8级特大地震后，据四川地震台网报道，从2008年5月到2009年6月，一年时间内，余震次数竟高达57000次。上溯70多年，1933年8月的叠溪7.5级大地震，也是山崩地裂，并将一座蚕陵古镇沉入了湖底，阳光明媚时，透过那片散射着寒光的湖水，还能见到湖底的残垣断梁。如今，山岩上那劲遒的"蚕陵重镇"四个大字仍孤傲地挺立着,隐隐诉说着那个蚕丛王陵墓遭受的惨痛灾变。

　　远古人类在巨大的灾难和变幻莫测的世界面前,唯有将对生命与欢乐的珍惜,对死亡的恐惧和厌恶,寄希望于人有灵魂,冥冥中有仙界鬼神。于是有了沟通灵魂与肉体、人间与仙界的巫师,进而发展至原始宗教——巫教。古氐羌的巫教源远流长,在羌族聚居地,直到现代几乎每个村寨都还有释比,传承着主持祭祀、立门安神、打卦占卜、救治病人的职能。释比作法时头戴五叶法冠,手执法杖,口中念念有词,一脸的莫测高深。这种形态和三星堆青铜大立人戴的莲花冠,以及那柄金光闪闪的刻着鱼鸟纹饰的金杖,没法不让人产生联想。古蜀的大巫师会否也以相似的姿式持杖主持祭祀吗?念念的词语中犹如出现另一度空间,幻影幢幢,释放出巨大的神的力量,来消灾弭祸赐福,站在博物馆中,耳边却隐约传来苍凉的羌笛,其音如泣如诉。

　　华夏史前许多瑰丽的神话都与气势磅礴的"昆仑"相关,人类起源、伏羲女娲、夸父逐日、共工与颛顼争帝、共工触不周山与它有关,西王母与三青鸟、黄帝食玉投玉、黄帝娶嫘祖、禹杀相柳及布土等也与它有关。顾颉刚先生考证昆仑神话源于古代四川地区,他在晚年提出"昆仑是一个有特殊地位的神话中心",认为"昆仑的神话"是由当时的西疆(即四川、云南诸地)流传到中原的。

　　神话背后往往隐含着一个个伟大的文明,上古文献中频繁出现的"昆仑",绝非一道冰雪覆盖的山峰那么简单,其文化含量异常丰富。屈原的《楚辞·橘颂》中,就有诗句将岷山与昆仑联系在一起:"凭昆仑以瞰雾露兮,隐岷山以清江。"毛泽东的诗句:"而今我谓昆仑,不要这高,不要这多雪,安得倚天抽宝剑,把汝裁为三截?一截遗欧,一截赠美,一截留中国,太平世界,环球同此凉热。"已把昆仑喻为华夏的象征。

岷山山脉位于三星堆的西北方,史籍中,蚕丛、柏灌来源于西山,鱼凫在湔山"忽得仙道",杜宇归隐西山又啼血化鹃,三星堆的上百件玉璋射部皆作山形,青灰石边璋上留下了完整的"祭山图",对西山的崇拜比比皆是。古蜀人甚至认为人死后,灵魂也要飞回西山,因而频繁祭山。这种和谐吉祥、人神互通的崇拜祭祀,形成了三星堆人特有的精神世界。三星堆两个祭祀坑都以北偏西45°对准西北方。2016年1月28日,四川省文物考古研究院公布三星堆"十二五"考古成果,有一段叙述:"在月亮湾小城的西北角,青关山土台上,有一个被命名为'F1'的大型红烧土建筑,呈'亚'字形,方向北偏西45°,与三星堆城址以及一、二号祭祀坑方向一致",这幢号称宫殿的大型建筑也把方向对准了西山。进一步证实了西山即"岷山昆仑"在三星堆人心目中特殊意义。

这种追忆和乡愁居然被现代科学找出了依据,2014年诺贝尔医学奖获得者研究发现,人的大脑里有管情绪的杏仁核,还有管记忆的海马回。以前我们只知道海马回管记忆,不知道它还管空间认知。欧基夫先生在1971年发现了海马回里有位置细胞，莫索尔夫妇在2005年做继续研究，发现海马回有网络细胞，正是二者组成一种空间认知。海马回里储存的记忆，除了人出生以后的记忆，还包括我们祖先的一层层记忆。诺奖发言人说，这三位科学家的发现解决了哲学家几百年都没有解决的疑惑：我们第一次去一个地方，第二次怎么就不用带地图了。似曾相识的原因是什么？是我们的基因，在三星堆人的海马回里，储存着关于西山的记忆，看见西山的时候，冥冥中这种记忆就苏醒过来，就像有一个故乡在跟着他们走，无论走到哪里，那个故乡都还活在他们的内心深处，这种论证很美的，像诗一样。今天，当我们站在三星堆的青铜神树前，向西遥望，那个北偏西45°的方向，仿佛就能让我们触摸到三星堆人在盆地内安定下来后，他们对祖先在高山草原筚路蓝缕创业的那一片深情的感恩和景仰。

古蜀先民在岷山昆仑播下了文明的种子，对人的寿命记录都充满了神话意味。《蜀王本纪》载："蚕丛、柏灌、鱼凫，各数百岁"，单个人的寿命哪能活数百岁，似乎应是整个王朝延续的时间。不管政权怎么更迭，不管哪一个王，他们对"岷山昆仑"的崇敬却始终如一，青铜神树塑在山型基座上；让神坛中部那四个大力士，举起山型物顶起了有太阳神鸟的神龛，其中或许都有岷山昆仑的影子。这种大山崇拜所要传递和辐射的神秘信息，一定有一种介质可以把他们心想的东西输送到很远很远的地方。

三星堆的鼎盛期,学术界多数人认为是鱼凫王时期。所谓鱼凫,又叫鱼鹰,长长的勾喙,大大的圆眼,俗称"鱼老鸹"。这鸟全身羽毛黑黢黢的,眼中绿幽幽的似乎闪着一种凶光,确实算不上漂亮。但形态丑陋的鱼鹰,却有着高强的捕鱼本领,绝不亚于猎狗之于猎人。湔江上至今还仍有鱼鹰捕鱼的孑遗,一叶扁舟,载几只鱼鹰,发现水流迟缓有洄流处就停下,用篙将鱼鹰们赶入水中。鱼鹰一到水里就来了精神,直现斜睨机警傲气,如同是河中的巡警,发现猎物,就脖子一仰猛地潜入水中,动作敏捷如离弦之箭。捉住小鱼后它们可以一口吞下,中等的却只能吞在脖子里。渔夫将长篙伸过去,鱼鹰就乖乖地跳在竹篙上,渔夫缩回竹篙,抓住鱼鹰的脚,倒提着顺着长颈一捋,吞进去的鱼就顺溜地捋出来,因为渔夫预先用一个小环套在了鱼鹰脖子上,它们只有乖乖地等待主人把猎物取走。如果遇到更大的鱼,一只鱼鹰奈何不了,就几只协同作战围追堵截,咬住不放或用尖喙啄其鱼鳞,必得把大鱼弄得奄奄一息,然后几只鱼鹰将其抬出水面放到渔人手里,履职可谓尽忠尽责。以渔猎见长的古蜀族,可能很早就开始驯养鱼鹰,成为获得食物的重要来源,所以这种鸟才被奉为图腾,并衍化为王朝的名号。遥想当年,鱼凫王握着有鱼鹰图案的金杖,统摄一个幅员辽阔的国土,这种形象丑陋的禽鸟荣耀至极,它静静地躲开中原的王气,用金灿灿的光芒,别开生面地哺育着中华另一片远古的繁荣。

最无奈的是流逝，最精彩的也是流逝。几千年的时光带走了数不清的人和事，却带不走鱼凫是第三代蜀王，"（鱼凫）王猎至湔山，便仙去，今庙祀于湔"。一个领袖受到蜀民深深感怀，并立庙祭祀，个中缘由显然应包含有德政于民的因素。鱼凫仙去的原因，有败于杜宇说，有因于水患说，亦有学者认为：商周之世，鱼凫王倾精锐之师助周伐纣，蜀中国内防务空虚，从而被别的人夺走了政权。考古发现，鱼凫北上之师因战功被周朝封为伯，在渭水之南、清姜河西岸建立了鱼国，在鱼字旁左边加了个"弓"字。近些年，宝鸡市鱼伯墓出土了大量文物，明显带有古蜀文化特色，其中车上青铜饰物人的手形，与青铜大立人手形神似。

留有鱼凫王手泽的金杖历经数千年复苏，在博物馆中气韵非凡地闪烁着华贵的光芒。金杖的金皮展开有8厘米宽，推测是先将金条锤展成金皮，再刻上图案纹饰，然后包裹在直径3厘米的圆木棍上的，因年代久远，出土时木芯已全部化为尘土。金杖上刻有46厘米长的平雕图案，神秘得有如一本天书，图案可分为三组，最下一组为两个前后对称、头戴五齿高冠、耳垂挂三角形耳坠的人头像，面貌和善、宽眉、大棱形立眼、圆鼻、仰月形大口。所戴冠颇与青铜大立人相同，反映出相当尊崇的身份。联系《山海经》的记载："有鱼偏枯，名曰鱼妇。颛顼死即复苏。"说的是鱼妇（凫、妇同音）继承了颛顼。颛顼名高阳，昌意和蜀山氏女之子，黄帝的继承人，是鼎鼎大名的"三皇五帝"之一，戴五齿王冠的人会不会就是颛顼？另一组昂首竖尾之鸟勾喙利爪，各驮着一支穗形箭，箭头射中背对背的两条鱼的头部，其鱼刻画细致，头须鳞鳍毕现。纵观四鸟成队驮箭射鱼，不乏希冀渔猎成功的祈祝，但也包含图腾和图案化神圣王权的意味。漫漫几千年岁月，足可神奇地将普通器皿变成宝，你说这柄长142厘米，金皮重500克，还留下那么丰富的信息图案的金杖有多值价？最近，三星堆"十二五"考古成果还报告了一个惊人的内容：三星堆古城墙从三星堆文化二期开始，在四期时还进行过修补，说明它还在发挥作用，有力证实了三星堆古城繁荣时间长达1500年。古城墙考古，还发现了西周时期的玉璋、绿松石和金箔片等高等级文物，此成果一举颠覆了古城在三星堆文化三期便走向衰落的观点。鱼凫之后三星堆古城仍在使用。

一个个和岷山有着千丝万缕联系的古蜀王，他们对岷山的感恩是天然的，他们用特定的方式表示崇敬，然而，所有的崇敬还是为了在大地上活着的那一群生灵，如果祭祀祈福成功，风调雨顺、五谷丰登，天下不就成了苍生福地吗？《山海经》中将称作海内昆仑的岷山描绘成琼楼玉宇住着神仙，树木永远青葱而且长着灵芝草，山麓则挺立着可以通天的神树建木，显然是一座天堂。如今，现实中的岷山仍然美不胜收。在现代科技飞速发展的当下，要在岷山上开垦一块土地，撒一把种子收获庄稼，或是双手拾起几枚亮晶晶的蚕茧，已是很容易办到之事。但穿越时空仰望远古，这些进步直接催生了古蜀人由原始蒙昧跨入文明门槛，无疑都是石破天惊的壮举。试想一下，当文学家用笔描绘桃花源、画家用彩笔勾画天堂的色彩、音乐家用音符谱写大自然的神曲，人们努力寻找返璞归真的心灵家园，其中所拨动的那根老弦，海内昆仑莫非真的就应算一个？

英国历史学家汤因比在《历史研究》中曾论述：在世界范围内，文明的停滞和衰落是普遍存在的，历史上的雅典人曾经陷于一种自我崇拜的怪圈中，他们对过去的辉煌恋恋不舍。在一两千年的时间中，三星堆人享受着地理环境优势，比较和谐包容，但不可否认，农耕与游牧、渔猎的冲突仍异常突出，这种冲突直接导致了政权的嬗变，这些古国在完成了它的历史使命后，最终走完了古蜀的生命历程。

古人的奋斗和创造已融进岷山黛青色的山峦中，融进神奇的三星堆文物中，当人们重新深情回眸岷山昆仑那些辉煌的功业，它深厚的文化底蕴，就有如天风浩荡。是三星堆文物盘活了《山海经》中的精彩描述，还是《山海经》中的记述使三星堆文采飞扬？海内昆仑气势磅礴挺立着，三星堆是一段最富神奇和秘密意志的世界，她是文化的整合，是一个远古的乡愁。那美轮美奂的来龙去脉，记录着我们民族不曾消逝的童年时光，血没有变凉，梦仍旧滚烫。

跟随一江天府秀色

三星堆地属广汉市,广汉二字颇有意蕴,"广"即阔大,"汉"是汉族、汉朝的简称,亦指银河,李白有"广汉水万里"的诗句,诗中的"广汉"就是形容银河的浩瀚。长江的大支流汉水也称作"汉",《禹贡》曰:"嶓冢导漾,东流为汉,其源远也。"《汉书》载:"葭萌,今广元、昭化二县,西汉水经二城下,在广汉郡内东北,实广五百里。"这些记载说的是"言郡之广至于汉水也"。

广汉最早叫雒县,因雒水而得名,之后名汉州,最终名成广汉。雒字通"洛",所以雒水又称洛水,其间暗含着一个古趣盎然的联系。《山海经·中次九经》载:"岷山之首,曰女几之山,其上多石涅,……洛水出焉,东注于江。"郦道元《水经注》称:"洛水出洛县章山。"古洛水所出之"女几之山",汉代以后改称章山,章山即今什邡北部九顶山、莹华诸山之总称,通过这些线索,洛水于是就与三星堆有了渊源。

《华阳国志·蜀志》载:"(杜宇)以江、潜、绵、洛为池泽。""池泽"意指腹心地带和富庶之区。四条河中的"潜"通"湔",湔水泛指发源于湔山的河流,鸭子河又名"湔江";"绵"即绵远河。都能找到对应。一个指向,就是从古至今,广汉正好位于"江、潜、绵、洛"这个区域,这种联系显示,正是这些上善之水滋润出神圣神奇的古蜀三星堆。

大禹王将天下分为九州,益州是其中之一。汉高祖六年(前201),在益州的乘(绳)乡置广汉郡,辖十三县,雒县是其中之一。益州的蜀郡、广汉郡、健为郡,囊括当时蜀地最为肥沃、出产最为丰富的地区。李冰建成了都江堰后,蜀中水旱从人,广汉的县志都留下"大旱不旱,蜀有广汉"的记载。秦灭巴蜀后,四川这个大粮仓支持了秦帝国的建立,"天府之国"的美名就逐渐从"八百里秦川"落户成都平原。

古代文明总与水有关,生命起源于水,从某种意义上完全可以说,水统治着整个世界,包括我们的肉体和精神。成都平原河网纵横,与三星堆关系最为紧密的是成西北-东南流向横穿广汉的鸭子河。鸭子河全长139公里,是沱江的三大源头之一,它虽说没有大江大河的磅礴浩荡,但却禀赋高贵清纯,融汇了川西北雪山森林的灵气,河水浸润着日光月影,蜿蜒在平畴沃野上,平和舒缓就像这片大地轻柔的魂,不仅滋润出两岸的五谷丰饶,而且让四季都风光旖旎。鸭子河的清波流淌着、追逐着,以它的柔韧弹响两岸的岁月,河上的风或温婉,或激扬，或清芬，总像在耳边絮语，藏愚守拙地滋润出了一个神圣的三星堆，沃野、庄稼、劳作的人们，就像都趴在她饱满的乳房之上，保持住这方土地数千年上的繁荣兴旺。

　　站在河边，水可以引领我们在善与恶之间，畅想那些春华秋实草木荣枯的故事，往上可以追溯至寒光凛冽的冰川，往下又随她奔腾不息直到大海。流淌，唯有流淌，才是水最大的追求，一河水远去了，它带着勇气和理想，那写意的清流，淘洗得思古之悠情楚楚动人，一道穿越时空的古老波涛左拥右抱，默默地注视着两岸的人口迁徙，村庄变迁，和耕耘者的一代代更替。逝者如斯，兴亡盛衰，青春、花朵和梦想不停地被带走了，河水流淌出一河天府秀色，从三星堆那个时代迤逦而下。款款流动的河水，应该是一种叙述，相对于三星堆的考古成果历史文化，这条河抒写出的只是一些细节，但它的诗意是那么舒缓和自然，那么的充沛，足够回味。

　　倏忽数千年，如今经过整治的鸭子河，焕然又是一番新景。打上21世纪印章的雒水汉风，金雁湖大桥巍然屹立，有着浓郁汉代风格小楼的疏朗有致，小楼重檐上吊挂着红灯笼，挥洒着团团温暖喜庆，楼与楼之间，精致的走廊、雕塑配以绿树红花，入夜，微风轻摇着花草树木，古楼、明月、长桥、流水、朦朦胧胧，那朗照千秋如霜似霰的明月，就将繁荣的汉代雒城故事展现在世人面前。当年，这里的优质漆器曾远销海内外，中央政府在广汉设有工官，和成都的锦官同级。朝鲜前些年曾出土刻有"雒城工官"字样的漆器，可见这里的产品销路之广。夜风清凉如水，将心情拂得爽爽的，间或还能听到几声鸟鸣，它们在廊树间跳来跳去，或画出一道弧线消逝在树影中，这些呆鸟，大概是误将月光和灯光当成日光了吧。

　　河水静静地流着，昔日那些承载过农耕文明的茅草房、木骨青瓦房、青石板街道，早已被工业文明车水马龙水泥沥青挤兑得支离破碎。当城市的"水泥森林"越长越高时，古老的波涛仍执着地随季节重复田园牧歌，麦子和油菜成熟的气味还没散尽，大地又披上了秧苗翠绿的裙衫，蛙鸣声此起彼伏，水边也常有几条水牛悠闲地啃着青草，不知什么时候哪一只就突然来了情绪，仰天长哞两声，飘出敦厚瓷实的回响。河水悄悄地以一管酣畅淋漓的笔，在河两岸恣意挥洒春华秋实、晓风残月，钩、皴、点、染，处处留下田园的念想。

　　两千年前，一位银须飘飘的圣贤站在水边，透过流动的水，将变幻莫测的人生理出了思绪，看到了水的表情、眼神和美德，也看到了人生的短暂和不确定性，高度概括出了"上善若水"。水的"谦下之德"灵动鲜活，从"善下之"开始，"水利万物而不争"，"以其不争，故天下莫能与之争"。由此获得了生命的豁达与从容。一个有生命质量的人当如水一样，滋润万物只管奉献；顺地形而蜿蜒曲折，很能遵循客观法则；适应客观环境，贮于方则方，贮于圆则圆，盈于容器自然求平；倘若遭遇阻拦，就豁达的听凭阻拦，一直到水满而溢，再流向远方，一任百折千回奔向大海志坚不移。水以天下之至柔，抒展出天下之至坚，其中处处藏着"贵以贱为本，高以下为基"的理念，已接近于他心中至高至圣的"道"。可不是吗？涓涓细流汇成一江春水向东流，汹涌澎湃，拥有的是无坚不摧的力量。借着先哲的睿智，注目闪着幽幽白光的河水，柔波轻轻晃动灯影，有如从历史深处流出来，有如为人的安身立命提供了一个坐标。

　　水在地球上的存在，少说也有一二十亿年吧，相比之下，人类在地球上仅属初来乍到。鸭子河是挥之不去的一缕愁绪，一种牵挂，这承载着美德的河水让人感怀，让人依恋，一想到地球上那么多缺水的地方，这种幸福感就更加珍贵。不说别的国家，就我们伟大的祖国也有几个大沙漠和戈壁滩。媒体上曾报道甘肃省民勤县因为水源枯竭，可能重演第二个罗布泊的悲剧，保护水资源已成为关乎国计民生的紧迫话题。这种忧虑也同样存在于发达国家，来自美国军方智库也曾呼吁，由于全球变暖导致海平面上升，30年至40年后，将引发难民潮、严重疫情、水源紧缺、洪水泛滥，并将"对美国国家安全构成严重威胁"，美国可能卷入因水和其他资源短缺引发的战争，这些报道显然并非危言耸听！地球75%的面积是海洋，完全称得上是一个水球，这颗淡蓝色星球怎么会发生水资源短缺呢？简直不可思议！话说回来，真得感恩大自然的厚爱，感谢四川盆周山区的植被，感谢大山，使广汉和三星堆有了如此优越的地理环境，多情最是此河水，鸭子河厚德载物。

水润三星堆，鸭子河缓缓流动着重重叠叠的历史与记忆，在阳光下闪闪发光的河水，有如一条珠链，串起遥远和今天的故事，让人惊奇，让人泪奔，然后肃然起敬。古蜀文明已蜚声海内外，"马头娘"等民间传说亦情味动人，诸葛亮在《隆中对》中赞扬："益州险塞，沃野千里，天府之国，高祖因之成帝业。"秦汉之间，这片土地显然已属国内经济发达地区。清波中时常翻卷出"金雁晴澜"的美景，河上亦回荡过中国共产党广汉"二五"起义的雄浑钟声，新中国成立后，这条珠链更是不断闪烁出夺目光彩。不说别的，仅三星堆至城区几公里的距离，就已矗立起十多座大桥，留下社会飞速发展的印痕。这些桥梁中，金雁桥是"三国"遗踪，名气最大，曾演绎一段铁马金戈的故事。1000多年前，号称"卧龙、凤雏得一可安天下"的凤雏先生庞统，为刘备夺取西川带兵攻打雒城，被刘璋的大将张任射死。之后，诸葛亮挥师复仇，张飞参战，在金雁桥计擒张任。故事的结尾很悲壮，张任宁死不降，死后就葬在雒城城北关外二里。一座小小的金雁桥因忠勇和计谋的较量而声名显赫。

粗看鸭子河三个字，难免有点土得掉渣的感觉。大俗大雅，只要细细品味，就会咀嚼出那一分独特的乡土气息。《汉书·地理志》就载有雒水，雒从"佳"，与鸟有关。从古至今这条河上鸟多，尤以鸭最多，常有成群的野鸭和家鸭。如今，尽管高速公路上车流滚滚，高铁轨道上飞驰着动车，一天到晚车水马龙，家鸭、野鸭仍各自过它们悠闲的水上生活。加之一道大闸拦出一片波光粼粼的水面，人们增强了爱鸟护鸟意识，鸟的数量品种越来越多，鸟儿们尽管在河中优哉游哉享受安宁与乐趣。

从朝霞燃丹的清晨，到暮烟凝紫的黄昏，来河边休闲的人也多。或跳健身舞，或打拳散步，也可以晒太阳、看风筝、看水禽，看白鹭在水牛身上嬉戏，在徐徐清风中静心息虑怡养性情。河边茶摊设有许多躺椅，五元钱一杯茶，既实惠又有情趣，各色人等，都能不卑不亢享受这份悠闲。夏夜，数公里河堤上品茶纳凉的人可以坐到夜深，或几个朋友谈天说地，或一个人闭目养一会儿神，睁眼看一会儿夜景。在躺椅上微合双目，让思绪穿梭于现实与幻想之间，晚风清凉如水，五彩斑斓的灯光将水上水下闪烁成两条灯河，水波轻摇着梦幻般的慈爱，温情脉脉地抚慰着城市的繁忙和人的辛劳。

远处树影朦胧，暗白的河水恍如一条路，通向远古和远方。遥想三星堆那个时代，这些河岸肯定原始森林密布，森林中藤蔓缠绕，毒蛇猛兽出没，陆上行道艰难。远古的鸭子河肯定水质好水量丰沛，水路显然相对安全，所以三星堆靠水而兴。广汉前些年出土的汉代画像砖上，曾发现有"大江行筏图"，留下当时竹筏舟楫航行的景况。曹学佺《蜀中名胜记》载："江水又东经鱼复县故城南，《注》曰'故鱼国也'。"

秦置鱼复县，治所在今重庆市奉节县白帝城，鱼国（鱼复国）这种交流联系显然与鱼凫氏有关，与水路有关。还有，三星堆出土的玉琮、玉锥形器有典型的良渚文化特征，则说明交流已抵达长江中下游。进一步追溯三星堆数量不小的海贝，鉴定均为印度洋贝类，则已将这种联系通向了南亚，通向了海洋。古蜀的祖先们真是太伟大了！鸭子河滋养的这片土地，当时应已渔猎耕作宜室宜家，完成了从野蛮到文明的跨越。河水轻轻漾动着天府之国初创期璀璨的人文光华。有月之夜，碰到曾经朗照古人的明月助兴，天上一个月亮，水里一个月亮，两个月亮交相辉映，说不定就会蹦出一个古蜀远古神像。

古蜀时巨树参天，鸭子河中曾发现直径超过两米的乌木，乌木俗称阴沉木，经碳14测定，鸭子河中的乌木时间较长的已有三千多年历史，与三星堆鱼凫国同期。"雒水汉风"景观带特意竖立了几根乌木，留下了古树的精魂供人观赏，想当初，这些参天大树立在河边是何等气势！倒下的巨树绝大多数回归尘土，极少数让河水冲掉了树叶、细枝，有幸被河沙深埋，在缺氧的环境中经过千年历练，"吹尽黄沙始到金"，完全碳化的乌木质地很硬，居然成了宝，让人依稀窥见那个时代的树阵奇观。

现在的树都有名有姓，柳树、槐树、云杉、红松，一些名木古树甚至连多少年都记录在案。很遗憾远古森林中孑遗的乌木没名没姓，但可以想见古树们挨挨挤挤密密麻麻遮天盖地,有如狂欢节群众一下子拥上大街,冲动的、散乱的、千姿百态组合成不规则的、丛聚的、连续性的野性生命力,它们在这片大地上生存竞争自生自灭,形成浓绿浅绿杂花生树的植物大观园。乌木沟壑般的皴折和《山海经》中,反映了大观园伊甸园般的美景。《山海经》中记载:都广之野,百草丰茂,犀、象出没,颗粒并不饱满的菽、稻、黍、稷上,若隐若现谷物拔节的声音,大森林环抱中出现一片片开发了的土地,以树皮和茅草作屋顶的干栏参差错落。可敬的先民们不倦地在这鸡犬之声相闻的田野里春种秋收。也许,那轻轻荡漾的涟漪中就晃动着古蜀先民劳作的身影,河水一刻也不停地流动着,时间收割着地里的庄稼,也收割兴亡盛衰,河水流淌着安宁,也目睹了自然界的荣枯,要怎样辽阔的心境才能装得下如此的丰富和美丽?

在善与恶之间,水开合着滋养与泛滥,古蜀先民既受惠于水的哺育,又对汪洋恣肆的洪水深怀恐惧。也许一次大洪水,就会吞没一个朝代,世界上许多民族都有"洪水灭世"的古老传说。相传,我国原始社会晚期也发生过一次持续了数十年的大洪水,反映在《山海经·大荒海内经》里:"祝融降处江水,生共工,共工生术器,术器首方颠,是复(覆)土(壤)以处江水。""处,止也。"可见"复土以处江水"就是筑堤防水,"共工氏"应是当时的治水世家; 女娲补天神话中有"积芦灰以止淫水",也是防水治水的内容;颛顼之子鲧

"始作城廓",又窃帝之息壤,"欲雍防百川、堕高堙庳以害天下",因治水无功,而被舜殛于羽山;"鲧复生禹"继续治水,禹三过家门而不入,完成了治水的丰功伟绩。《史记·六国年表》载:"禹,兴于西羌。"《竹书纪年》曰:"颛顼之子鲧,生禹于石纽。"虽说"西羌"属地还有争论,但"石纽"却明白无误是蜀地,大禹获得治水经验就难免不与蜀地有关。也就是说,古蜀人是在一次次与洪水较量中,吸取教训,积累经验,才生存下来的。从大禹、鳖灵治水到李冰修筑都江堰,一条脉络清清楚楚,终于造就了成都平原的天府之国。

三星堆遗址很少发现兵器,说明很少争斗和战乱,古蜀人诚厚与友善,与周围的族群多数时间是交流互惠与和平共处,朝代的更替起因完全有可能归于洪水。古城的城墙筑成梯形也是一个明证。梯形城墙易攻难守,多半是为了抵御洪水而筑。城墙环护了在这块大地上三星堆人的安居乐业。检索数千年的历史,蜀地的战乱明显少于中原,中原强大时,它就是其郡县,中原战乱时,它就偏居一隅,在历史的缝隙中,只顾自己黍稷抽穗水稻扬花,并不失时机地将粮食和文明成果奉献出来,拯救中原的饥荒。在鸭子河边体味水对自然界和古蜀的贡献,古蜀先民借助水营造了和谐与繁衍生息,把这个人类最初的,也是永恒的追求,演绎得如此丰富生动。

在鸭子河边惬意地喝夜茶,感受水的奥妙,将身心融入大美之中,看河水载着一河的依恋一河的繁荣,款款地悄然流向远方。杯中香气缭绕，河上水波不兴，人的心境沉浸在无边的宁静和谐之中，难怪成都的朋友，吃过晚饭还驱车上百里来到鸭子河边喝夜茶，品味那分闲情逸趣，喝到夜深人静，才尽兴而归。

由于生意兴隆，河边的火锅店、餐厅、歌厅开得很晚。虽说现在的生意很难做，这些小老板们经历了美好与丰盛，挣扎与痛苦，期许与失落，却没有停下追寻的脚步。人也许就是这样，在内心世界与外部世界的双重战争中，人人都在追求一个更好的自己，一个精神世界的理想国。与这个世界是达成和解，还是相互观望？所谓上升，所谓下降，所谓春风得意，所谓垂头丧气，或许都是一种错觉，产生过，又被下一轮所淹没。文明从来都不是线性、递进发展的，也许还常常是反向。鸭子河的灯影里闪动着天府秀色，娓娓诉说着古往今来自然的神秘、尊严和崇高。人性复杂难堪，生命却仍然生机勃勃。水波灯影里，远古那些在菽粟上站立的饱满，稻花中游动的丰收魅力十足。朴素的古意和乡情告诉我们，唯有像水一样，顺其自然不停地流动，奋力前行。

应该说，每座城市、每条江河，都曾经是叱咤风云演绎兴亡盛衰的舞台，空间因时间而呈现人文之美。鸭子河大度地把大地的诺言，岁月的沧桑揽入怀中，河水打湿了心灵，一种混合着历史和自然的凉丝丝的善意扑面而来，隐隐约约听得见河水滋润大地和心灵的轻响。生命与流水交替演变，将一个学习过程交给了我们，难怪圣贤们反复告诫，向大自然学习，向水学习，人的一生都在观察、研究大自然，启蒙老师是大自然，鸭子河与三星堆交相辉映，闪烁着启人心智的光华。

悠然自得的古味

　　巴蜀之地喜欢将吃火锅叫"烫火锅",一个"烫"字,尽得热闹、沸腾之趣。火锅方便简单,且兼有红白两味的选项,只要火点着,不苛求什么刀工火候,时令鲜蔬、虾饺毛肚、羊肉海鲜可一股脑儿放进锅里,色香味俱全,说说笑笑中各自动手烫,众声喧哗,觥筹交错,冬天温暖热闹,夏天酣畅淋漓,自始至终热乎乎的,不失为小民餐桌的一大快事!近年,大众点评调查称火锅已成中国第一美食,而且川派火锅占全国火锅商户的64%,你说火锅多受欢迎。

　　说来也巧,三星堆先民在三四千年前居然就烫火锅,留下了像三脚陶盉这样的餐具。三脚陶盉最大的一个高44厘米,敞口翻沿,沿宽8厘米,连口带沿直径38.5厘米。陶盉下端是三条圆圆粗粗的、大白萝卜般的袋足,鼎立状的袋足往那里一放,既稳当又受热面广,看着就让人想烫煮一盘。古蜀人这种餐具,妙就妙在三个袋足中空直达上沿,不仅大幅度增加了烹煮容量，且在袋足下面升火加热时，盉口内可烹煮，那沟槽状的宽沿上亦可烧沸鲜汤烫煮食材，熟得快也饶有情味。

当时的食材想必荤素搭配，因为绿色蔬菜唾手可得，山珍野味通过渔猎也能得到。三星堆有诸多虎、蛇、鱼等动物图案，其牛、羊、猪、鸡的陶塑生动可爱，说明古人与这些动物已有了情感，开始家畜饲养，要吃肉应不很困难。至于场地嘛，就不像现在那么讲究喽，完全有野炊的可能，幕天席地，在露天像三石灶那样将陶盉一撑，取来甘甜的清泉，烹煮纯天然无污染的食品，其情其景让人艳羡不已。鲜美度准保不亚于时下的鸡煲或菌类火锅，说不定他们还边吃边喝载歌载舞呢！造型独特的三脚陶盉生动记录着先民卓越的智慧，和对饮食方式的快乐追求，清风徐来，野花飘香，享受生活，野趣天成。火锅将味与趣、情与谊、果腹与养身、简便与热闹集于一体，你说咋能不延续千年而至今仍备受欢迎呢？三脚陶盉当之无愧的被誉为火锅老祖宗，四川的学者林凌、宏庆、小源曾有题词称赞："火锅之源在广汉，不信请看三星堆。"

四川盆地潮湿，酒可以除湿，烫火锅难免少不了以酒助兴。世界上普遍认同酒起源于史前时期，是受到野果天然发酵成酒的启发，远古人类进行模仿引入生活的。大约在距今8000年前，即旧石器到新石器时代的过渡期，人类从采集、渔猎经济向生产型的农业、畜牧业过渡的同时，由于生活条件相对稳定，食物比较充裕，有目的的人工酿酒活动就开始了，果酒、奶酒、米酒应运而生。酒里乾坤大，杯中日月长。蜀地自古酒事隆盛，蜀酒上溯到新石器时代应没有问题。三星堆的酒器将蜀地酿酒史从《华阳国志》记载的商代又上推了千年，并反映出当时已有较成熟的酿酒技术，和有剩余粮食满足用酒的需求，不能不说是一个奇迹。到距今约2300年时，川酒已留下文字记载，秦昭襄王曾与巴族订约："秦犯夷，输黄珑一双；夷犯秦，输清酒一钟。"这个富有浪漫色彩的协议，将违约处罚确定为酒和美玉，显示出当时巴蜀清酒的贵重。

酒兼有水之外貌火的精神，饮酒能舒筋活血。汉代邹阳的《酒赋》云："凡酒以色清味重为圣，色如金而醇苦者为贤。"清酒应从浊酒发展而来。到三国时，谯周的《巴蜀异物志》载："文草作酒，能成其味，以金买草，不言其贵。"文草即五加皮，这时清酒已发展成药酒，以金买草，足见其不菲的价值。迤逦而下，在唐代，三星堆的所在地汉州有鹅黄酒，其酒色嫩黄而醇。《方舆胜览》载："鹅黄乃汉州酒名，蜀中无能及者。"杜甫有诗："鹅儿黄似酒，对酒爱新鹅。"陆游在《对酒》中亦盛赞："新酥鹅儿黄，珍橘金弹香。天公怜寂寞，劳我可一觞。"由唐及宋两位大诗人都盛赞该酒，说明鹅黄酒之美延续时间之长。其后，《华阳风俗录》记载的郫筒酒，连竹筒也加入酿酒行列，此等酿法真堪叫绝。

从三星堆出土的大量酒具看，抑或那时已饮酒成风。酒器既有青铜的尊、罍，用于祭祀盛酒，也不乏大量的陶制酒具，显示出王公首领、庶民百姓皆能享受这等口腹之乐。三星堆有一件高约50厘米的平底、直口、鼓腹、高领大陶罐，应是迄今三星堆发现的最大一件酿酒器。在窖池发酵之前，陶罐发酵曾是普遍采用的手段。此罐罐形颇有讲究，大腹小口便于封闭，亦能有效阻挡杂菌进入，造成有利于发酵的厌氧环境。小平底和成反弧线内收的下腹部，则为冬天保温，埋在热灰中或用其他纤维包裹起来创造了条件。酿成之后，小口便于倾倒酒液留下酒糟，反映出初具"酿酒六诀"之"陶器必良，火齐必得"的要素，酿酒工艺已逐渐趋于成熟。

其酒可能与"醴"有关，是一种"汁滓相将"（酒汁酒渣混在一起）的低度发酵酒。《华阳国志》载：九世开明帝"始立宗庙，以酒为醴"，"醴"通"礼"，很可能是祭祀时装在尊、罍里面隆重摆在祭台上的祭品，由此可见酒在古蜀人心目中的崇高地位。三星堆的几件青铜尊、罍器形精致华美，纹饰与殷墟青铜器诸多相似，又表明远古蜀与中原文化已有高层次的交流。古称"国之大事，在祀与戎"，祀与戎都离不开酒。隆重祭祀天地祖宗祈福消灾时，酒成为人们手中尊贵的贡品；进行军事行动，战前酒壮行色，战后少不了用酒奖赏功臣。延至今日，不少民族喝酒前，习惯先用手指蘸酒弹向天地敬天敬地，细微之处尽显虔诚。

中国是世界上最早酿酒的国家之一，公认的祖师爷是夏代的杜康，殷商时已有酒池肉林的奢靡记载。传统的饮酒讲究品，追求一种美妙的意境。盛唐之前的酒当为酒味不厚的"薄酒"，"酒逢知己千杯少"，武松打虎前曾痛饮数十碗"三碗不过冈"的酒，个中原因就是酒的度数不高。随着蒸馏提纯的烧酒出现，人们就再也不敢那样豪饮了。悠悠数千年，酒中有战争有政治，有爱情有友谊也有宗教，酒中荡漾着诗情画意，与酒有关的故事汗牛充栋。像"杯酒释兵权""煮酒论英雄""王羲之醉写兰亭集序""李白斗酒诗百篇"这些故事耳熟能详。岁月悠悠，用酒的内涵也不断延伸，甚至"公、侯、伯、子、男"的等级，就是来自使用不同规格的酒器"爵"，称为公爵、男爵。

说到"爵"，三星堆的小型酒具亦很有特色，陶制的觚形杯、尖底盏、双耳杯、瓶形杯，式样丰富多彩。特别是那一件15厘米高的瓶形杯，瓶身线条秀美，细颈侈口成盅形，容量约为100毫升。较小的瓶颈便于沉渣啜饮，正好为"醴"的饮用找到了注释。另外还有一套组合酒具，由一个陶盉和20多个瓶形杯组成，显示出聚餐已具规模，与瓶形杯相似的酒杯居然现在四川农村还能见到，而且和日本的一种酒具相似，曾有参观的日本友人惊叹："我们现在还使用这种形状的杯子呢！"古蜀先民的生活情趣和艺术创造力可谓引领远古的时代潮流。

酒到微醺时轻飘飘的醉态非常舒服，自从发明了酒，酒作为交际的媒介，古今中外，成为联络感情的无上佳品，哪里有人类，哪里便有酒香。相当一段时期，人类总是较多注意制陶、金属冶炼、城市的兴起以及新的社会生产关系的形成在历史上所起的作用，有意无意忽略了酒在众多物质文化形态中的独特作用。到19世纪末，情况才稍有好转，一些有胆识的学者，开始肯定酒的重要地位。1877年，美国历史学家摩尔根在他的《古代社会》中，首次提出榨油术和酿酒术的掌握，是人类文明初期生产力发展的重要成就。随后恩格斯在《家庭、私有制和国家起源》中进一步指出，人类掌握的榨油术和酿酒术，与冶炼术和制陶术一样，直接促进了第二次社会劳动大分工，即手工业从农业中分离出来。

适度饮酒好处多多，嗜酒过度也会酿成祸患。远古的大禹王曾有感于酒的巨大诱惑力，发出"后世必有以酒亡其国者"的警告。夏桀、商纣王不幸为其言中。蜀王开明十二也算一个，古蜀的江山就葬送在他手里，成都曾发现一件战国早期的错金铜壶，大致属于蜀国开明时期，壶上雕刻着古蜀贵族赏乐观舞举杯豪饮的场景，一斑窥豹，依稀显露出古蜀豪饮的风范。那时的三星堆应属他的管辖范围，开明十二留下五丁开山迎金牛美女绝唱一个又痴又蠢的笑柄。再过一千多年，风流倜傥的后蜀王孟昶，又重蹈覆辙。他仗恃蜀道天险，过着诗酒美女做伴的生活。据传广汉的连山一带曾是他的狩猎场，孟昶常携绝代才女花蕊夫人来此游乐。欢娱嫌日短，公元964年，宋太祖赵匡胤派兵入蜀，宋兵从汴京（今河南开封）出发，仅用66天就攻入成都。孟昶当时空有10万大军。前些年，离三星堆不远的广汉城西曾发现一座不大的墓，墓内有孟昶字样的砖，疑是孟昶的墓，如果真是，忘国之君的身后事已寒碜得无以复加。伴随着现代化的大潮，酒在社会生活中更是魔影幢幢。饭局有酒，唱歌有酒，跑工程、做业务有酒，所谓"酒杯一响，黄金万两"，许多名酒攀上了令人咋舌的价位。灯红酒绿助长了奢靡之风，原则和制度被酒软化了，过量饮酒不仅毁坏了风气，也伤害了饮酒者的健康。

遥望蜀酒的源头，让人审视到酒文化回归本位的重要意义，远古饮酒肯定单纯得多，没那么多幕后故事，多半与消困解乏、增加情趣、促进和睦有关，简单纯朴的饮酒之乐为大众普遍认同，杜甫的《客至》："盘飧市远无兼味，樽酒家贫只旧醅。肯与邻翁相对饮，隔篱呼取尽余杯。"隔着篱笆和邻翁喝酒，是那样的随意洒脱和快乐和睦！

在天府之国这块宝地上，火锅烫巴适了，酒喝够了，还可去领略另一件妙事——喝茶。川人喝茶，华堂美器的雅室滋润，竹影摇曳的乡野也喝得自在。更有千年道家思想的浸润，不说显贵富贾，就是寻常百姓，喝茶中难免不沾点散淡闲适之气。生活在唐朝的杜甫描述："锦城丝管日纷纷，半入江风半入云，此曲只应天上有，人间那得几回闻。"其诗句背后，逃不脱茶的踪影。四川茶馆多，各色茶厅、茶馆、茶铺、茶摊遍布大街小巷，连那竹林里小河边也有露天茶座。独自前往或两三朋友相邀，懒腰一伸躺在椅子上，抿两口盖碗茶，嗑瓜子剥花生，一任耳边响着搓麻将、甩长牌的声响，斗地主、谈生意的吆喝，却并不影响闷瞌睡、看书报的自在。放下了人生的匆忙，慢悠悠地打发时光，掺几道水即可把大半天时间打发出去，使人暂时忘却了生计和时间的短长。

茶座上还主动有人来擦皮鞋、捏肩膀、掏耳朵，只要坐下来，不分高下生熟，想听可以听听四周龙门阵。春天吹那儿的花会办得好，夏天谈哪儿凉快，秋天闲扯几句收成，冬天，则把椅子搬到太阳坝头晒晒太阳，发发呆、出出神。也可无边际地谈股市、谈房价，谈网上新闻街头趣事。文朋诗友说苏、辛、李、杜，像说着自己的朋友，贩夫走卒说奥运会、世界杯、南海争端，像说着自己的家事。茶喝通了，尿两泡，浑身通泰。大家想聚则聚，想散则散。

要说那盖碗茶可是这些茶座的一绝，茶杯由盖、碗、茶船子三部分组成，妙就妙在下边那个茶船子，既可免烫手之虞，其新颖的造型，也能增添几分饮茶的品位。喝盖碗茶还有些讲究，茶盖揭开置于桌面，提示堂倌需要掺茶了；茶盖扣置于椅子上，表示茶客短暂离开，这茶还要接着喝。饮茶时，左手端起茶船子，右手轻揭茶盖，用茶盖边缘轻轻地撇去茶汤上的泡沫，细细地抿上一口，含在嘴里打两个转再缓缓地吞下去，那才叫做足了喝茶的范儿。盖碗茶滋润着川人的悠闲，起于何时已无从考证，但它那点散淡闲适的市井味，仿佛浸润进川人的习俗里，生活节奏瞬间放慢，慢节奏让每位茶客看起来都心平气和悠然自得，坐下来就静下来，散淡一下，似乎就是最开心的事情。

中国是茶的故乡，《茶经》上说："茶之为饮，发于神农氏。"诗经上也留有茶的描述，到如今，茶文化可以说已渗透中国的各个角落并走向了世界。川人饮茶历史悠久，周武王克殷前后，巴人曾将作为药用的"荼或苦荼"献贡于王室，荼是茶的古称，"秦人取蜀而后，始有茗饮之事"，秦汉时的《尔雅·释木第十四》载："槚，苦荼。郭璞注：树小如栀子，冬生叶，可煮作羹饮。今呼早采者为荼，晚取者为茗，一名荈，蜀人名之苦荼。"公元前59年，西汉王褒《僮约》中，有"烹荼尽具"和"武阳买荼"的记载，四川产茶、罗茶、卖茶、饮茶，成为茶文化的发祥地之一。从这些两千多年前的记载试着往前推，难免不让人猜测三星堆人是否喝茶？确实会留下一些悬念。不过，现在三星堆博物馆内确有茶馆，参观走累了，可以在露天遮阳伞下喝，亦可在空调房坐在沙发上喝。

烫火锅、饮酒和喝茶都可称作散淡闲适。乍一看和分秒必争的现代节奏全不靠谱，现代人讲究快，人几乎就是一架有血有肉的机器，人的生活内容、轨迹和节奏仿佛都像设计好的程序。天上飞机呼啸，路上车流滚滚，人们连走路、开车、进餐都在拨打手机，总说忙没得空，好像总有做不完的大事和生意。那些场面上的成功人士，三天两头像蜜蜂一样在天上飞来飞去，散淡闲适几无容身之地。人们在快速旋转中，疲惫不堪有之，怅然若失有之，渴望休息的疲态比比皆是。譬如一根弹簧长期绷紧，最终将丧失弹性。其实，真要挣钱，也不在乎适度放松的这半天时间，现在就悠闲地坐下来，和那些在高尔夫球场上挥杆，或坐着豪华游船周游世界，同属于悠闲，层面上各有千秋，只要想通了，内心还是感到幸福的。一天24小时，每人都在挥霍时间，有人大块运用，有人则细碎切割，在随遇而安的生活场景中自得其乐，不违天时，不夺物性，往往是最简明的生存之道。从这个角度讲，喝一会儿盖碗茶可谓有了堂而皇之的理由，适度放松一下说不定就是个加油站。

三星堆所在地的广汉人有喝夜啤酒的习惯，河堤上、街边上的摊点很多，常常一喝就喝到午夜一两点钟。晚风和酒消解了压力和紧张情绪，明明灭灭的光阴，遥遥远远的回声，使酒局显得十分温馨，这种喝法或许又和散淡闲适的古意联系起来。各式各样的招牌中常出现"三星堆"字样，三星堆火锅、三星堆茶庄、三星堆豆腐干不一而足，虽说是借着名气做文章，但有意无意间，就将数千年前的生活情趣联系起来。可以想得到的是：三星堆人的生活肯定达不到衣食无忧，但它一定程度却是和谐安宁的，古蜀先民发展生产，坦诚地与外部世界友好交往，不然不可能形成那么长的繁荣。然而繁荣却戛然而止了，留下许多不解之谜。追本溯源，会不会也有闲适过度，因酒误事，疏于防范，最终酿成惨剧的情况呢？

三星堆这枚远古的印章，将几千年岁月的重量，坚定地摁印在这片原野上，感恩的心被轻轻托起。四五千年啊，那是多少代人的辛劳！多少龙争虎斗烟消云散，一方沃土却留了下来。这块土地上有一个因袭千年的传统耕作方式，人们习惯将一年的农作物分为大春和小春。大春主要种水稻，小春主要种油菜和小麦。以勤劳保证衣食无忧，有了剩余的粮食就快乐地酿酒、喝酒。酒里寄托着多少苦乐甘甜，一路地久天长。繁华热闹后终究要归于平淡，庸常生活本来就平平淡淡，一种普遍认同的合适的平常态。有了淡才有闲，看着"三星堆"三个字，就仿佛觉得古蜀先民高高挺立在天穹下，娓娓诉说着养蚕捕鱼、垦荒务农、冶铸青铜、开发天府的故事，也殷殷叮嘱酒的好处与危险。

匆忙热闹也罢，散淡闲适也罢，动与静相辅相成。三星堆挟裹着美、想象力与一往无前的创造力，使我们在庸常、忙碌、无暇思索的世事中内心安静下来。数典问祖，能让我们偷得浮生半日闲，从非常密集的流程里抽离出来，得到一个俯瞰的角度，看着自己的存在，以及你与所处的时代、空间之间的关系。说得更准确一点，能够帮助我们找到一个与自己灵魂素面相对的体验。散淡闲适也许是情感寄托的所在、心灵栖息的港湾，心里的一分慰藉。一旦有了急事的召唤，恐怕谁个都会匆匆开动汽车、登上飞机，头也不回尽快抵达目的地，去做自己该做的事情。三星堆的原野葱茏，明天朝霞满天，一轮红日又将升起。

神采飞扬鸟脚人

文物的精妙之处，不仅有精湛工艺携着遥远的神奇，更在于它承载着丰富的内涵。不同职业学养各异的观者面对它们，犹如面对历史的深沉回响，每每碰溅出各自独特的心灵火花。航天英雄杨利伟在驾驶"神舟五号"飞船飞天后不久，曾到三星堆博物馆参观，他站在被誉为"东方维纳斯"的鸟脚人像前驻足观看，当听到讲解：甘肃有马踏飞燕，三星堆是脚踏鸟头，同是寓意飞翔，各有各的妙处。杨利伟浅浅一笑，走近一步注目观看，鸟脚人像的爪状脚紧紧钳住鸟头，那分生动与怪异吸引住了他，此刻，古蜀的飞天梦与当代的航天壮举无疑生发出一次隽永对接。

虽说鸟脚人像齐腰以上残断无存，但依然神采飞扬，给人展开了想象空间。人像的下半身高30厘米，着紧身饰有几何形云雷纹的短裙，裙前后中间开缝，宽厚的下摆上有编织状的竖形条纹，紧包住浑圆臀部。超短裙确实短得来不能再短，其款式放在当下也绝对新潮。裙下一双美腿文过身,被古蜀艺术家精雕细刻满饰花纹,双脚分别踏在鸟头上,脚趾部分夸张成长条形鸟爪状,成半圆形紧紧攫住鸟头。鸟高51.4厘米,滴溜溜的大圆眼炯炯有神,鸟喙锋利成弯钩状,状若鹰隼。不知是不是为了突出上面的神人,鸟颈以下奇特的抽象为长条形,犹如可以向上发射的箭身,两侧饰双列云雷纹,颈、腹前有一列长扉直达尾尖,扉上饰有羽纹。这人鸟合一的青铜雕像,是古今中外雕像中独特的一例,塑造的显然是一位远古的飞天女神。说它是人,又很不完整;说它是鸟,上部的腿、臀又是传神的人体。人踏在鸟头上,正像解说员说的那样,很容易让人联想到"马踏飞燕"。粗看,鸟头和爪状脚又像是人的膝关节,人腿自然延伸,至脚部化为鸟,美人下部化身为鸟,又是一个"美人鸟"。其神异的形象在告诉人们,它只能是一个崇拜和祭祀的对象,是一个神圣的天神。

神的第一种存在是宗教,原始宗教以神灵崇拜为精神基础,这些崇拜是古人最原始的思维和信仰。当"崇拜"成为一种必需绝对服从的观念,规范着人对事物的关系,确定着人的行为准则时,"崇拜"就进化为了原始宗教。这个人鸟合一的崇拜对象,大胆的造型、天马行空的想象,颇让人觉得它消解了欲望与节制的冲突,冲淡了部分神性,熠熠闪烁着夺目的艺术之光,有如一个空灵自由的艺术女神,伸开想象的翅膀凭虚御空在高天飞翔。

在不到一米高的铜像表面，古蜀艺术家笔走龙蛇尽情挥洒出二百多个纹饰图案，以自由生动不受拘束的写实云纹、非写实的兽面纹、抽象的几何图形，穷尽高低、强弱之变，凹凸出力度之美，让鸟脚人像神性昭昭华丽无比。美臀从丰满度到编织状的紧身短裙，其细部的情态无不传达出生命的魅力，从而接近生活的真实，其行云流水的手法，骨力追风的线条把古人美好的向往，和生命的困顿全熔铸进了对飞翔的追求之中，明朗地展现一幅积极向上的升腾姿态，显示出朴拙恐怖的野蛮时代的坚冰已在融化，理性的刚柔适度的人间趣味正在到来，古蜀人的审美意识已有走出原始宗教束缚的趋向，"美人鸟"要挣脱一切束缚飞得更高飞得更高。

正像断臂无损维纳斯的完美一样，这个残缺的鸟脚人像，更突出了飞的主题。鸟脚人像虽然只有下半身，但却怪异的兼具了男女两性的特征，它的超短裙紧裹的浑圆臀部，十足是女性的，那双美腿的线条，粗看是女性的，但它粗大的骨节，满饰图案壮实的腿部肌肉，又完全属男性体征，这种兼具双性的取向正好暗合了原始大母神的特点。在西方，代表宇宙生殖力的神大多双性同体，古希腊维纳斯神的前身原母神，它有突出的生殖部位，两性同体。在众多的维纳斯雕像中，塞浦路斯维纳斯就长着胡子，身着女装，却手持王杖，其修长的身躯是从丰硕过渡而来。鸟脚人像对应了这一现象。断臂维纳斯和鸟脚人像，都有残缺却不失美感，残缺美反而更富动感，传达出艺术的魅力。鸟脚人像缺损部分至今未找到，是塑造时的有意留白，还是后来的无意丢失？那残缺的上半身男耶女耶？是否也是纵目阔嘴大耳的模样？它是"鸟面人身"，还是"鸟身人面"？会不会头戴五齿高冠，腋下长着翅膀，古铜色的双肩下裸露着浑圆的双乳，那串祭祀坑中发现的珍贵玉管项链就挂在脖子上？越想越觉得它像安琪儿般空灵优雅飞姿翩翩。

这是一个极富想象力的神，更是一个远古英雄形象，正像后羿射日、女娲补天一样，远古的人类需要英雄，因为人类无法战胜自然，只能靠天吃饭。鸟脚人像载来的是古蜀人一个飞天故事，只可惜这个故事的细节没有留传下来，不走运的是，随着三星堆的衰落，它被埋藏了，只能静静地躺在大地的怀抱中，千年一梦，一梦千年。幸好它的身旁还躺着青铜器735件，金器61件，玉器486件，绿松石3件，石器15件，以及象牙器残片4片，象牙珠120颗，虎牙3枚，象牙67根，海贝近4600枚。同这么多珍宝一起被埋藏，应该说是个沉重和落寞的话题，幸好它还盼望到了重出江湖的一天，将一个浪漫世界展现在世人面前。

三星堆是一个穿越了四千年，并繁荣了一两千年戛然而止的文化，两个祭祀坑珍宝大大刺激了人们的好奇心，有一种猜测认为："蜀夏同源"。它来自东夷的一个专门保管王室祭器的小国，国亡后，他们携神器逃亡到这里。果真如此，当应找到中原甲骨文的蛛丝马迹，但这里没有，说明当时的蜀与中原不是同一个文化。如果简单地认定它是巴蜀文化，这里又没有找到巴蜀图语。幸好有鸟头把勺和高柄豆这些蜀文化典型器物做证，不然，人们将会疑窦丛生。那片曾盛极一时的远古繁荣突然中断肯定是遇到了大麻烦。是灾荒、瘟疫、洪水，还是战争？因为无文字可考，众说纷纭。也许有人会说，不断迁徙是远古人类的生存原则，那时，人类对大自然还是一个绝对的大弱势状况，他们没法对抗强大的自然灾害，没有找到长久一点储藏食品的好办法。一遇荒年，除了逃荒，就只有迁徙，才能避免灭族之祸。最近，刘兴诗先生从古地质学和古气候学的角度提出了：是气候变迁导致古蜀人离开了岷江河谷，后来又是灾变气候引起突发性洪水，使得生活在盆地内的古蜀人不得不放弃一座座古城，不断在成都平原上搬迁，寻找新的定居点。三星堆地层剖面也确实发现了厚厚的淤泥层，旁证了大洪水的可能。不管属于哪一种情况，生活的艰辛和沉重，没有折损古蜀先民的勇气，反而激发了他们追求自由和幸福的信心。变美是痛苦所能达到的最高境界，于是古蜀先民将困顿和希望变为飞翔熔铸在了鸟脚人像上。

　　鸟的飞翔是最让人景慕的，"燕子衔来春天""鲲鹏展翅九万里"，那种高快和轻灵，受到古今中外一代代人的追捧。三星堆人渴望通过鸟飞上天空，达到"通天通神"的目的，鸟脚人像展开一幅绚烂的远古生活画卷，那么逼真又那么神采飞扬，让后人可以触摸到古蜀人丰富的精神世界。

三星堆人崇拜鸟，三星堆文物中群鸟翔集，各种质地的鸟数以百计，犹如在开鸟的"群英会"：勺子把刻成鸟头状；铜鸟背上的鸟羽塑成三朵跳动的火焰；在金杖上刻有巫术性质的图案，两两相对的四只鸟各驮着一支射中一尾鱼的箭；青铜神树上九鸟翔集，鸟们尖喙利爪，神采奕奕张扬着力量；青铜铸造的鹰头，竟高达40厘米，活脱脱的一个硕大无比的猛禽，每个鸟形文物上都有一个多姿多彩的故事。它们造型精美、千姿百态，或抽象或写实，尤以青铜鸟最为壮观，反映出鸟崇拜是古蜀先民诸神崇拜中的主神崇拜。鸟崇拜又是和太阳神崇拜连在一起的。在远古人类心目中，天宇上的太阳光芒万丈，东升西落，绝对是在天上飞翔。太阳主宰着四季冷暖，万物的兴亡盛衰，以一种重复不变的姿态朗照古今，古人钦羡和崇敬着那遥不可及的苍穹上的太阳，寄托想象和好奇心，最高境界就是将太阳定格为神来顶礼膜拜，因此，世界各个民族都有太阳神：古埃及有鹰神荷拉斯为太阳神的传说；古印第安人将太阳神与乌鸦相连；中国古时则直接将太阳称为"金乌""赤乌"。《山海经》记载："汤谷上有扶木，一日方至，皆载于乌"。鸟崇拜还可以联系到几个古蜀王都以鸟为名，柏灌（《蜀王本纪》写作"柏濩"（huò），与"白鹤"谐音）是水鸟，鱼凫是鱼鹰，杜宇是杜鹃鸟，表明了以鸟为图腾的氏族部落群体是三星堆古国时期的一个主体民族。这些鸟形文物是卓越的艺术和强烈的生命信号，寄托了人类童年许多美好的希望。

鸟与太阳崇拜合一，衍生出关联的"天神"崇拜，中华民族的人文始祖黄帝也是在天上飞的日神。《山海经·西次山经》描写道："槐江之山……实惟帝之平圃，神英招司之。其状马身而人面，虎文而鸟翼，徇于四海，其音如榴。"明确记载黄帝所用的飞马叫作"英招"。《韩非子》中记载的是黄帝驾驭由大象牵引的战车，旁边有众龙拱卫。《淮南子》则认为日神羲和（轩辕的另一版本）是驾六条神龙牵引的战车，这一说法也在屈原的《离骚》中留下了记录，李白诗"上有六龙回日之高标"，"六龙回日"也是说的这个传说。应劭在《汉书·礼乐志》中给"龙马"作注："乘黄，龙翼而马身，黄帝乘之而仙。"意指黄帝所骑乘的，是两侧长有龙翼的飞马。天马行空，独来独往。这种胁生双翅的飞马飞翔在高天上，空灵自由得若云若风，所以有一首歌"我们像双翼的神马，飞驰在草原上"传唱不衰。天马向我们昭示了伟大的日神精神，在西方也有这种充满神性的传说。希腊神话中的日神赫利俄斯战车之马，以及叫作柏加索斯的神马，都是双翼的飞马。在古希腊的陶罐上，还发现有一幅更早的飞马图，时间大约在公元前800年—公元前600年，被考古学家称为全球第一飞马图，它比之三星堆的青铜鸟脚人，无论材质和时间都逊色。

鸟崇拜在黄河流域也早已有之，商族称为玄鸟族，有"天命玄鸟，降而生商"的传说。但比之巴蜀大地，三星堆如此众多的鸟形文样，显示出更丰富的内涵。鸟崇拜虽说有很浪漫的一面，但究其根源，恐怕也离不开获取食物，应与生产与生活相关。务实的古蜀人很早就驯化了鱼鹰用以捕鱼，第二代蜀王名柏灌，"柏灌"有学者认为就是田鸡，四川人叫"秧鸡子"，喜在秧田里产蛋，能让人循声找到食物。第四代蜀王杜宇，杜宇就是布谷鸟，它求偶时发出叫声正好与农作物播种与收获的时间一致，于是这个可爱的小鸟衔来一个"啼血化鹃"的凄美故事，演绎着农耕文明的晨曲。"布谷、布谷""快割、快割"这种人文化的鸟鸣声，催耕催收于巴蜀大地，川西平原也在这些清脆的啼鸣中逐步建成富庶的粮仓。"日"与"鸟"不仅相通，在四川土话和汉语隐喻体系中其含义还另有所指，"日"不仅代表太阳，而且也代表性交。神话中经常出现在太阳图式里的鸟（三足鸟），在汉语里也是男性生殖器的代码，鸟崇拜又明显带有生殖崇拜的含义。

古蜀人强烈的飞天愿望，栩栩如生地铸造在鸟脚人像上，其精神和艺术的高度让人惊叹。限于条件，古人想飞却无法飞起来，只能站在高山或荒原之上，遥望浩瀚宇宙荡荡乾坤，惊异于天上的风雨雷电，充满了对日月星辰的奇思妙想，因而演绎出瑰丽无比的神话故事。天宫奇花瑶草，金碧辉煌，长生不老的神仙们驾着祥云来往，地上所有的苦痛在天上都是不存在的，天堂成为人类的终极向往。古人并且希望死后灵魂升入天堂，借助什么力量呢？当然是鸟了，抽象的神思在鸟的翅膀上具象化。或许那时候森林茂密的蜀地真有很大的鸟，或许他们真的作过实验,把人绑在鸟身上意图飞翔?

　　古蜀先民的飞天梦在航天英雄杨利伟的航空飞行中魅力四射。今天,当人类依靠智慧和不懈的努力,终于认识了部分天上世界,知道了太阳系、银河原、河外星系,知道了风雨雷电产生的原因,登上月球后,认知了皎洁的月亮寒冷而又荒凉,没有空气,布满了大大小小的陨石坑,上面不仅没有月宫、嫦娥、桂花树下捣药的玉兔,而且没有任何生命迹象。于是嫦娥奔月的神话和"迢迢牵牛星,皎皎河汉女"的诗意消失,情感的寄托也在飞上天时发生了大转弯,航天员坐在飞船上充满对地球、对生于斯养于斯的这颗蔚蓝色星球的深深眷恋。杨利伟在"神舟五号"飞船上,与地球上的对话,深情地俯视大地,用相机拍下地球的照片;"神六"飞船上的聂海胜更是在看见女儿为他祝福生日时,热泪盈眶。高科技带给人类巨大的进步和越来越丰富的认知能力,当人类仿佛能主宰自己命运的时候,这种动人的眷恋应该带有普遍性。

　　飞翔特立独行,充满了诱惑,因而嫦娥奔月和牛郎织女鹊桥相会的故事直到现在仍然十分动人。飞翔给了古人无尽的想象空间,敦煌的飞天用飘扬的裙裾和彩带,展示出凌空飞翔的英姿;金沙遗址的太阳神鸟则以金灿灿的旋转展示飞翔;三星堆先民将令人感动的生命激情定格在青铜鸟脚人像上,颇有日、鸟、人同一的超级大神的气概,这些寓意飞翔的造型异曲同工,将一种信仰之美,具象化为人对神创世生命的礼赞。

一个鸟脚人像就是一个神话,而且铸造在青铜上,它将铸造物从陶器的实用功能中剥离出来,具有了独立的审美价值。如此生动的造型,记录的会不会是祭祀活动中的一个程序呢?出土时,鸟脚人像裙裾上涂有朱砂,腿部花纹中填有黑彩,说明这位飞天英雄还有彩妆,老祖宗们追求色彩的丰富、视觉的美感,不满足于青铜的单一色彩,红黑杂错浓墨重彩,企图用带巫术性质的艺术处理来促成飞翔的成功,冥冥中充满了翱翔必胜的信念。

熔铸着远古神话的鸟脚人像定格在三星堆的鸭子河边。鸭子河上现在依然鸟多,白鹭和野鸭成群结队,春天仍飘扬着布谷鸟的叫声,并偶有载着鱼鹰捕鱼的打鱼船驶过。隐隐透露出《山海经》上记载的远古原野上百鸟欢腾的景象。古蜀先民耕田种谷、养蚕渔猎之余,是不是伴着原野上的鸟歌鸟舞,幕天席地架起三角陶盉烹煮食品,用飘荡的酒香洗去生活的艰辛?其乐陶陶地遥望荡荡乾坤,美好的飞天梦就飘飞在这片蓝天碧水之间。

每当在鸭子河边看到凌空而起翩翩降落的鸟群,就不由自主会联想到三星堆那众多的鸟形文物。写到这里我听见几声鸟叫,仰起头就看到了鸟群,飞得很高,仔细注目,看清那是一群远飞的大雁,正在穿越辽阔的天宇,它们的队列形成一个美妙的钝角,在头雁的带领下,平静而有序地在蓝天上划过,让人感觉到它们是那样的自由自在和从从容容,每只雁都优雅地舒展和收拢翅膀，有如芭蕾舞者轻灵起伏的舞步，将一个大写的"人"字写在蓝天上。我不免深情注目，目送着它们越飞越远，缓缓消失在蓝天上。

鸟脚人像张扬着美的力量，它张开希望之翼，鼓荡起升腾之梦，以5000年的厚重期盼，放飞的是一曲文明的古歌。远古先民生命里的希望和等待、挣扎和奋起，往往是痛苦而沉重的，然而却能使人焕发出全部潜能负重前行，去实现自己的理想，古人将这种精神和智慧定格在了文物里，如歌的行板轻轻落在了航天英雄杨利伟的目光中，落在了中华民族飞天成功的壮举之上。如今，中华民族不仅放飞了"神五""神六"，而且"嫦娥一号""嫦娥二号"开始了把中国人送上月球和建立空间站的伟大实践。古蜀先民如果在天有灵，看到飞天美梦成真，能感知今天中华民族的伟大复兴，他们不知道会是怎样的欢欣鼓舞，热血沸腾。

鸟脚人像这件稀世珍宝记录了一个梦想，指示了一个方向，人生最终的价值在于觉悟和创造。飞天梦圆，看来，只要有梦，就必有实现的可能。

辉煌壮丽火文化

2008年8月4日，北京奥运圣火激情四射在三星堆传递，红彤彤的火焰驾着号角般的"祥云"，携着珠穆朗玛峰的问候，带着全世界各种肤色的敬意，亲切牵手东西方的古老文明，将奥林匹克精神和浓浓的中国元素在这片沃野上吹出漫天彩霞。圣火如花，纯洁灿烂地开放在超越差异，超越民族，超越信仰和国界的奥运理念上。火光中辉映着人类最优秀的奔跑，映射着最卓越的跳跃，闪现出最奋力的投掷，火焰中仿佛涌动着魅力十足的青春、鲜花怒放的昂扬体魄和英雄的呐喊。

火是一个永恒的话题，地壳下面涌动着炽热的岩浆，偌大一个地球上，火崇拜是普遍现象，几乎没有一个民族没有火神。中华史上最早、最著名、最伟大的火神是炎帝，楚先祖祝融、蜀王开明也是火神，与三星堆渊源甚深的氐羌系中，火神是与太阳同体或太阳之子的民族大宗神。与古蜀族渊源甚深的氐羌生活在极为苦寒的青藏高原上，没有火甚至无法生存，所以特别看重火。氐羌各部祭祀的最重大节日，就是祭火，以火炬、火堆燔祭火神。

火炬俗称火把，在苍茫暮色里，是谁点燃第一支火把？那是一个充满诗情画意的遐想。时至今日，一些少数民族地区仍隆重庆祝火把节，足见其永不衰减的地位。人们杀猪宰牛，用火把燎身驱邪，并且在广场上扎制巨型火把彻夜燃烧，仪式非常隆重。当火舌升腾、火星飞溅时，人们还撒入松粉助势，使火焰冲天而起。在熊熊大火的四周，人们唱歌跳舞，纵情饮酒作乐，彻夜狂欢，生命的活力强劲迸发。到夜深时，人们甚至举着小火把巡游田间，火龙游动在黝黑的山野间。"万朵莲花开海市，一天星斗下人间"，把狂欢之夜多少美好的祈祝、多少情侣奔放的激情带向更为广阔的空间。

火帮助人类战胜了黑暗和寒冷，给人类提供了改造自然的利器，人类因掌握和使用了火，拓宽了生产、生活的范围，一举摆脱了茹毛饮血的野蛮时代。熊熊火焰照亮了人类的生命历程，最终使人得以与其他动物区分。圣火辉映三星堆，热情奔放的"祥云"，与古蜀先民在远古青山绿水间狩猎时，那些优秀的奔跑奋力的跳跃，以及标枪鱼叉精准的投掷遥相呼应。天府之国草创时期那些谋生的劳动，经现代奥林匹克运动点化而大放异彩。三星堆遗址中那些层层堆积的灰坑，众多的陶器、青铜器，有如腾起圣洁的火焰，顿时活了过来。

金色花朵的火焰温暖过古蜀先民重重叠叠的光阴。远古时期,在这片林莽丛生泥沼遍地的土地上,三星堆先民以火熟食,扩大了食物的种类和范围,从而促进了大脑的发育和体魄的强壮。火焰驱逐了猛兽,减少了对寒冷黑暗的恐惧,乃至进一步有了刀耕火种,它在五月点燃这片大地上远古时的荻浪,十月弥漫开稻香,造福于古蜀先民的方方面面,那悄悄潜入鸭子河中,洒下粼粼万点金光的美景,就是后来广汉八景之一的"金雁晴澜"。

神圣、热烈、阳刚的火,被视作生命、光明、进取的象征,因而在世界上留下了许多美丽的神话。"燧人氏"钻燧取火,就是一个著名的中国神话。"燧"有木、金、石三种,木燧即钻木取火,金燧指用金属凹镜对着太阳聚光取火,石燧则指敲击燧石取火。恩格斯高度评价过钻木取火,他说:"毫无疑问,就世界性的解放而言,摩擦生火还是超过了蒸汽机,因为摩擦生火第一次使人支配了一种自然力,最终把人和动物界分开。"蜀地与"燧"还有一个特殊的链接:火井在汉之前的典籍中皆记着"燧",取火钻燧又有钻开自然气井以"出火",用来"煮盐""烧合流支铁"等的意义。上溯源流,《山海经·南次三经》有一条记录,几乎是带颠覆性的:"令丘之山,无草木,多火。"郝懿行在注解此条时,转引《括地志》中一个记载:"神丘有火穴,光照千里。""神"、"令"二字声相近,郝氏以为神丘即令丘。所谓"多火",山无草木,何来"多火"?火焰冲天,光照千里,而且典籍中还有"南望昆仑,其光熊熊,其气魄魄"的记述,这是一种足以让人激情飞扬的燃烧。四川盆地多天然气,会不会古蜀的火种来源就是天然气,抑或是煤层露头的自燃?古蜀人发现燃后围着燃烧的大火庆祝,后制作火把加以保存利用。秦灭蜀时,曾在铁石山旁发现一堆蒜子石,专家们推测这很可能是上古时初炼的铁,而冶铁所需的高温,"山无草木,多火"的记载,就是其中一个注解,这些美丽的遐想,使天府之国的远古充满了神秘美丽的光彩。

人们歌颂膜拜取火的英雄,西方有普罗米修斯盗火,后被宙斯锁在高加索山上,中国则有商伯盗火的传说。这个商伯是很有来头的,商伯之父是三皇五帝的帝喾,原是天上管火的神,继承职位的商伯看见人间没有火很苦,于是悄悄点燃一根蒿绳,藏在衣服下将火种带到了人间,后又在滔滔的大洪水中,独自将火种带到一座高台上保存到洪水消退,商伯自己饿死了,火种保留下来了。盗火献身救民的精神,使商伯成为商民族的始祖,被尊为中华民族的火神,《诗经·商颂》中"天命玄鸟,降而生商",颂扬的就是这件事。

用火过程中,黏土在火中焙烧变硬的现象,启发先民发明了制陶,"嚼火燃回春浩浩",火的精魂,被人类以卓越的创造力留住了,宣告了"以土涂生物,炮而食之"的原始饮食方式的结束,制陶在人类文明史中具有里程碑意义。关于制陶,在蜀地流传着宁封制陶的故事,轩辕黄帝曾封宁封为"陶正"，就是专管烧制陶器的官。这则传说将古蜀与中国制陶的悠悠源头联系起来。

　　三星堆的陶器数量众多，有属于三星堆遗址一期文化的翻领器、盘口器、圈足器、平底器，时间距今约4800年－4000年。有三星堆遗址二、三期文化的高柄豆、鸟头把勺、小平底罐等，距今约4000年－3200年。高柄豆和鸟头把勺都是古蜀文化标志性器物，鸟头把勺多达几百件，其中又以鱼鹰头形数量最大，其鹰头纹饰简洁，圆眼钩喙，寥寥数笔就尽显鱼鹰的精气神，堪称三星堆陶器精品。鸟头把勺是祭祀时往祭器中注酒的舀酒勺，其地位十分崇高，刻在勺把上的鱼鹰头不排除有族徽的意蕴。在三星堆两千年的繁荣中，这些鸟头造型也在不断发展变化，有带冠和不带冠的，甚至还出现鸡头、雁头、鸭头等造型，众多的鸟头把勺，让人不免想到众鸟翔集的祥和。高柄豆是一个造型奇特的餐具，一根中空的30厘米长的豆柄，连接着上部的豆盘和下部的喇叭形圈足，豆柄的高度，估摸是三星堆人为席地而坐，方便取食豆盘中食物而设置。三星堆的陶器器型十分丰富，除上面谈到的，还有饮食器、贮藏器、酒器（酿、存、饮酒器具），包括尊、盆、缸、罐、钵、瓶、盘、豆、盉等多个品种。还有一些艺术作品创作，如陶羊、陶猪、陶鸟、陶蟾蜍等小动物惟妙惟肖。小陶猪和善可亲，胖乎乎的脸上笑意盈盈，没有半点野猪的凶悍味。小小的陶双面猫头鹰合身连体，前后都能看到猫头鹰头，使人分不清正反面。显然，这些家畜和动物与人已有深厚的情感。

三星堆陶器用土是本地一种细软、易融且黏性好的泥土。先民们在其中添加了细砂、石灰和稻草末，以减少泥土在干燥及焙烧过程中因收缩导致的开裂。三星堆工匠制陶时使用了捏塑、盘筑和陶轮等制作方法。盘筑比捏塑增加了难度，需将和匀的泥土先搓成泥条，再将泥条层层叠圈成所需的器型，然后里外抹得平整光滑。就其精美程度看，已借助了简易机械陶轮的快速旋转，用手或工具提拉修整，获得线条优美厚薄均匀的精美器形。制陶工艺由简至繁，从手工进步到轮制。

三星堆发现一座在当时较为先进的竖穴窑址遗迹。窑炉为浅床斜坡式平面心形坑，宽1.6米。从结构上看，窑室不直接位于火膛之上，火焰是沿斜火道进入窑室的。首先考虑实用，然后就注入了审美情趣，普通黏土造型的丰富性，被神秘的火焰赋予无限的情感，诱人的创造力和艺术魅力，使泥土获得了新的生命。三星堆人娴熟地化土成陶，显示出"陶冶群形"的卓越技艺。丰富多彩的陶器"协合五味，革变膻腥，酒醴烹饪，于斯获成"。其生活状况，虽然还不敢说衣食无忧，但田里种着庄稼，圈里养着牲畜，大陶缸里装着粮食，当夜幕降临，家家点燃火塘，三足炊具里沸腾着食材，瓶形杯里散发着酒香，已初具田园牧歌式生活雏形。

制陶之后，古蜀先民显然发现了用木炭可以获得比木材更高的温度，开始了烈火熔金。他们发挥聪明才智，在铜中加入锡、铅，炼制出了青铜。铅不熔于铜，只能均匀地把铅液滴进铜液中，才能克服这道难题。青铜比纯铜提高了灌铸时的流畅性，更容易加工成器。不仅熔点降低了，硬度提高了，而且还增添了光泽度，获得了广泛的应用，从而三星堆出色地加入了中国的青铜文明。

　　三星堆的青铜器林林总总，有礼器、人像、动植物造像几大类。青铜礼器构形简约，颇有殷墟特色的青铜尊对称稳重、体量较大，一看就给人一种华贵尊严的感觉；青铜雕像群既有全身立人像、跪坐人像，又有人头像、人面像。三星堆青铜人像线条简练流畅，外形饱满充满张力，制作者注意多维空间的思索，从早期人类平面浮雕进入了立体雕塑，在真实表现人物特征时，显得抽象而富有现代感元素；纵目面具特立独行，充分展开艺术想象，似人非人、似兽非兽，神其主题、诡其形式。这些雕像表情多作沉思状，全无原始诸神凶恶吓人模样，仿佛在以高度的悲悯俯视众生；以青铜神树为代表的动植物造像则异彩纷呈，青铜神树神圣庄严，融多种元素于一体，称得上是"十日神话"的活化石，丰富了中国商代青铜文化中动植物造型与树崇拜内容，填补了中国青铜文化这方面的空白，精湛绝伦。

　　我国冶铸青铜有极高的成就，目前发现的青铜器，最早的在公元前2000年前后，冶铸青铜到殷商和西周完全成熟。三星堆的青铜器无论其铸造工艺，还是其分型水准，都表现出青铜冶炼的高度成就。青铜神树基座的维氏硬度质为Hv=60，即使在今天也是很难达到的高硬度。青铜神树含有微量钙元素，为中国古代青铜的首例。值得一提的是三星堆的青铜器不含锌，而自然界中铅锌通常是伴生的，这些青铜器反而含有微量磷元素，磷增加了青铜的流动性和弹性。其他地区均未发现青铜含磷，三星堆人掌握的青铜合金的脱氧技术，已是同时期的一流水平。这些精湛技术恐怕未必仅是偶然巧合，它们在远道而来的奥运圣火辉映下光彩夺目。

三星堆青铜器铸造工艺以自己质朴的特色，深刻传达出特有的文化心理，十分精妙。除未发现失蜡法外，中国青铜铸造工艺都能找到。使用范铸法要通过制作陶范、制模、翻模、合模、浇注、打磨等多个工艺才能成器。工匠们采用了范铸法中的浑铸和分铸法铸器，能一次成形的就用浑铸，不能一次成形的就用分铸。青铜头像内部是空的，仅有一层薄壳，除了制外模，还要做内模，需内外模合起来，留下铜液浇铸的空隙，这需要多么娴熟的技术和耐心！分铸法尚有先铸、后铸之分，先铸成器物的附件，把附件放在器身的模子里浇铸成器，叫先铸法；后铸法则指先铸成器身，然后在器身上套模子，再浇铸附件。像青铜神树、神坛这些结构复杂的重器，还大量使用了套铸、铆铸、嵌铸等铸接技术，显示出高超的青铜铸造水平。三星堆青铜器数量和规模之大，制作之精，一般没有千年以上的发展，不可能达到如此水平。青铜人像的头、额、颈部有小方框，显示出三星堆人的切割技术，小方框用于悬挂，估计它们在漫长的世纪中，曾高悬神殿之上，发挥着长久被供奉祭拜，起着凝聚激励族人精神的神圣作用。

炉火熊熊，还成就了三星堆熠熠生辉的金器，不仅有金杖、金虎、金鱼、金璋、金叶等多种黄金制品，还在青铜头像贴上了闪闪发光的金面。古蜀工匠牢牢掌握了黄金采集加工技术，通过淘洗沙金、冶炼合金，继而捶打、碾压成金皮、金带、金箔等半成品，再使用模压、錾刻、镂空、剪切成形、粘贴等手段制成金器，不排除最后使用过抛光技术，才使得它们在地下埋藏数千年至今璀璨夺目。就说金杖吧，金皮展开面积1000平方厘米，平整均匀、无空洞、无破裂，捶制水平何等高超！这些熔融冶炼的金银二元合金，含金量高达85%，在3000年前的远古，简直是人间奇迹！

火又是一把双刃剑，如果管控不好，也会酿成灾祸，因而有的民族将火认作灾难之神，然而更多的是将火神奉为善神。火帮助人类进入了文明时代，从刀耕火种到卫星上天，伴随着人类改造、征服自然的漫漫历程。火灾也在历史上留下了累累伤痕，还被引入了战争成为利器，不仅留有脍炙人口的烽火戏诸侯、火牛阵、火烧赤壁等历史故事，也留下了从土火箭到火枪、大炮、飞机、导弹的武器发展进程。人类用火，就是一个如何控制和使用的矛盾过程。于是，熄灭罪恶之火，兴旺文明之火，不断推出人类文明的新篇章，成为人类永恒的追求。

从化土成陶到烈火熔金，不仅标志着三星堆人在材料技术方面的进步，而且标志着火这个自然力，已从用于烹饪照明等生活目的，发展到成为一种能源，并在使用中做到了有效管控。青铜那掷地有声的硬度，撑起的是创造新生活坚实的骨架和惊世风范。

火"功用关乎古今，勋绩著乎百姓"，人们喜爱崇拜火，惠及红彤彤的颜色，古蜀开明氏"色尚赤"，就是说古蜀人在众多的颜色中唯独崇尚红色。美丽喜庆的红色，在这片大地上受到的喜爱长盛不衰。即使在科技高度发达的今天，逢年过节挂红灯笼、系中国结、贴对联、封红包，哪样离得开红色？红色意味着红火兴旺生机勃勃，新媳妇坐花轿顶盖头是红的，人来了运气叫走红运，从模范人物戴红花系红绸到高高飘扬的红旗，对红色的喜爱已深入到人们的血脉深处。这种深爱凝聚着丰富的历史内涵，传达出民族特有的文化心理、民俗意识，饱含着对生命力的崇拜，希望在红色中升华，美好的期盼像火一样蓬蓬勃勃，殷殷祝福在红彤彤的闪光。

火升华的最高点就是纯洁，这种纯洁性正好吻合了"公开，公平，公正"这一奥运理念，这或许就是奥运圣火一直在全世界熊熊燃烧备受尊崇的一个缘由吧！火的圣洁燃烧在三星堆还导致了一个特例，2号祭祀坑出土的一个青铜顶尊跪坐人像，基座上就镌刻满了这种庄严神圣。跪坐人像不大，只有15.8厘米高，保存却罕见的完整，赤裸上身，腰系短裙，双唇紧闭。人像虔诚地跪坐在一个山形座上，头上顶起一个喇叭形尊，其双手高举扶住尊腹。其山形基座镂空，回环往复的花纹极有动感，虽有寓山的含义，但搭眼就会看出它像一蓬燃烧的火焰。跪于火上的顶尊者，一脸的高贵、虔诚，一派严肃平静的表情，留下一个在祭祀中以身相殉，在烈火中得到永生的形象。令人惊诧的是？在历史中，奉献牺牲一般是男人的事，而该像胸部的乳头明显突出，透露出女性身份的特例，实属罕见。那头顶的青铜尊里想必应放有海贝、玉璧、醴酒、三牲等祭品吧！火焰燃烧那一刹那，她是否感到疼痛？是否想到岷山，想到天国和举着火把照亮的前程？崇高在火上燃烧，献身让人怦然心动，顶尊人像生动壮丽展示了古蜀人的一曲"凤凰涅槃"。

物质燃烧成火本是一种自然现象，从宇宙大爆炸，到太阳发出的光和热，火无处不在。那耀眼眩目的火光，使人想到撕裂夜空的闪电，那惊心动魄的火山。变化无穷的火焰，使人感到兴奋激动，也使人感到恐惧和震颤。百感交集的人类对于火，总的来说，还是爱多于怕，"薪火相传"说明跳动不熄的火焰中，还寄托着人类繁衍的殷殷期许。从远古的堆堆篝火，田野上飘舞的温馨炊烟，祭祀时的"煨桑"，到裂焰张天的火箭卫星发射，无不虔诚地反映出人们对繁荣昌盛的膜拜祈祝。

奥运圣火深沉隽永对接三星堆，传递着精神，传递着友谊和平，展示着普世的生命价值和意义。古蜀几千年前烈火熔金的那些勇敢勤劳身影，他们创造的丰富火文化，让人肃然起敬。生命在火中延续，希望在火中诞生，人类文明之火必将在未来燃烧得更加蓬勃生动！

神圣的泛灵崇拜

远古人类对神、人、鬼、妖的界限是模糊的，因而出现了多神的现象。中国的神鬼文化在几千年的演绎中从最初的图腾崇拜到民间传说，再到书籍戏曲，神鬼也从最初的"神性"逐渐转变为"人性"。

如果说到主流文化中的神鬼，恐怕最早的应是《山海经》了。在天马行空的想象中，《山海经》里的神妖鬼怪具备多种形态，稀奇而怪诞。屈原和李白的诗歌，吸收其营养，将其演绎得浪漫而美轮美奂。后来的《封神演义》《西游记》和《聊斋志异》更是大大前进一步。《西游记》因神鬼而精彩，已说不清到底是西游成就了神鬼，还是神鬼成就了西游？《聊斋》又创造了一个奇幻文学的高峰，妖狐鬼怪不再只是青面獠牙、背负诅咒、取人性命的恶魔，它们不再脸谱化、标签化，而是已拥有比现实世界中扭曲人格更美丽可贵的人性光辉。

《山海经》那个时代的古蜀人，由于认识世界能力的有限,产生浓厚的天国仙境神鬼思想是必然的。端坐于龙虎座上的西王母,众多的山妖水怪,使这些想象异彩纷呈。三星堆的发现,使神鬼思想被具象化为怪异的青铜人、鸟、兽、树等组合,从而以丰富的文化内涵和卓越的艺术成就,精彩演绎着"万物有灵"的朴素世界观,凸现出那段曾经被遗忘的辉煌与荣光。

古人崇尚"万物有灵"与生存有关,世界范围内各民族的童年概莫能外。原始人类的生存困难太多,平均寿命才二十多岁,并且在实现农作物栽培之前,采集和渔猎带有很大的偶然性,忍饥受冻应是常事。先民们仰望苍天,风雨雷电变幻莫测;俯察大地,地震和灾变使人手足无措。敬畏震颤于大自然的神秘伟力,于是,不可捉摸的力量皆被定格为神,只有敬献出珍宝和美食,将美好愿望诚惶诚恐寄托于祈祝之中,乞求神灵保佑免除苦难。祭祀对象从日、月、山、川延及飞禽走兽、天地万物。与其说是一片迷茫的心态,还不如说是一种精神寄托。祭祀成为当时生活中头等大事,"苍璧礼天,黄琮礼地",庶民百姓翘首以盼获得生存权,首领或君王则多一层给权力贴上合法标签的内涵。

天地万物本身具有灵性,先民们是用整个身心去感知去发现。老祖宗们孜孜不倦地仰观宇宙之大,俯察品类之盛,并不只有造神,也奉献出不少科学成就:伏羲制作八卦,奠定了《周易》的基础;神农尝百草,形成了中华药典的开山之作《神农本草经》，蜀地亦有《蜀本草》；后稷则开创了粗耕农业；《山海经》中记载了不少远古先民的发明创造："叔均是始为牛耕""义均是始为巧倕，是始作下民百巧""淫梁生番禺，是始为舟""吉光是始以木为车""般是始为弓矢""蚩尤作兵伐黄帝"。发明创造还涉及天文和历法：《大荒海内经》"噎鸣生岁十有二"，《大荒西经》"帝俊妻常羲生月十有二""石夷司日月之短长"，《大荒南经》"羲和者，帝俊之妻，生十日""生岁十有二""生月十有二""生十日"，是天文和历法已达到了用日、月、星记载时间的水平。传说颛顼曾通过对日、月、星辰的观察，制作了颛顼历（即十月历），有人认为颛顼历就是夏历《夏小正》，这部历法一直沿用到汉初。发明创造还涉及艺术："晏龙是始为琴瑟""帝俊有子八人，是始为歌舞""鼓延是始为钟，为乐风""祝融生太子长琴，是处摇山，始作乐风""开焉得始歌九招"。发明创造还涉及气象学、医药学、生物学、矿物学和治水工程。一部《山海经》集地理和志怪于一体，堪称远古的一部世界奇书。

蜀地的治水工程很有名，大禹在岷山地区留有不少遗迹，李学勤先生说："禹生石纽的传说是很重要的，它反映着古代的历史实际。"20世纪中期已有人指出，农业的发明不在大河流域，最早发展出农牧业的是环绕两河流域的山侧地带，今天我们种植的许多种作物和驯养的许多种动物，其野生祖宗都出在这里。最近有学者提出，中国最早进入文明的地带是小河道交错的地方，不是一条大河流域。那就是说大禹治水的实践最早应起源于蜀地的小河道地区，这种推测也符合远古的生产力发展水平，人烟稀少、工具原始，对大江大河的治理当无能为力。蜀地治水技术的传承发展，最终结出鳖灵治水和李冰修筑都江堰的硕果。上述功昭日月的成就，恐怕最初都应得益于"万物有灵"，得益于古人对天地万物的崇敬之心。

人们在认识世界的局限，往往产生敬畏。每一种文明的兴起和发展，都不可思议地伴随着各种崇拜的出现，然后逐渐形成表现形式不同的原始宗教。"万物有灵"让古蜀人产生浓厚的鬼神迷信思想，祭祀则将其具象化。"蜀人好巫"，古蜀的巫风应渗透到了日常生活的方方面面。祭祀和巫术混生，巫师以巫术祈福禳灾，用卜筮决疑惑，延及医治疾病，扮演了人和鬼神间的中介角色，当是那个时代的常态。"巫"开始是指女巫，后来泛指一切男女巫，巫师作法伴之以舞，以增加神秘感和灵验度。甲骨文中"巫"字的写法，就像人拎着牛尾或鸟羽起舞的样子。带有巫术色彩的原始歌舞，应普遍存在于祖先、英雄、神灵等祭祀中。不管是否集神权和王权于一身，祭祀时，可以通神的巫师形象都是至高无上的。他们或许威武得就像站得笔直的青铜大立人一样，紧闭阔嘴，手用力一握握成了圆环状，企图牢牢握住神灵赐予的好运。国宝级文物石边璋刻着祭祀场景，太阳照耀着祭坛，神山边竖着牙璋。

璋是祭祀中的重要角色，三星堆拥有各种类型大大小小的玉璋、石璋，大到残缺的巨璋尚存一二米长，小到牙璋仅有一两厘米，从玉璋精美的扉棱和纹饰揣度，雕刻者凿磨之间，不知寄托了多少期盼和祝祷？应该说，每个璋都藏有一个故事，比如鱼形璋，稍加思索，就能看出希望猎获鱼而讨好鱼的心态。

祭祀往往筑坛以示隆重。遥想当年的大型祭祀，高筑的祭坛上恐怕应是旗幡飘动，香烟缭绕，三牲杂陈；优美的乐声中，编钟铿锵、石磬清脆，说不定还杂有沉重的淳于和凄厉的埙篪。祭坛边，手持武器的护卫队站得笔挺，其间，盛装的女子和戴着面具的男子交替上场，踏着乐音歌舞相合，一如《山海经·中山经》记载："岷山之神，其祠；干舞，用兵以禳；祈，冕舞。"人们竭尽所能地祀神娱神，化妆带冠冕穿彩衣的巫师虔诚叩拜献上三牲和祭品后，极可能要占卜以定吉凶，龟甲噼啪烧出的裂纹，飘散出缕缕好闻的焦糊味。

"万物有灵"是心性的感觉，古蜀人深信对族群贡献巨大的人灵魂是升了天的，"蚕丛、鱼凫、杜宇皆神化不死"。青铜大立人像、纵目面具、人面鸟身像等文物身上，或许就有他们的身影。这些人兽合体甚至多种动物部件组合的形象夸张而极富想象力，反映出古人期望兼有动物能力，乃至拥有超自然神力的强烈愿望。由此联想到《山海经》中那些长翅膀的人、人面兽身、人身兽面等人和兽的组合，也就不足为怪了。

近代的研究考证，《海内经》是古蜀人的著述，《大荒经》是巴人的作品。《山海经》为后人提供了许多真实可靠的原始资料，大凡诗词歌赋、哲理寓言、校勘训诂以及自然科学的专史，不可胜数。《山海经》记录了"万物有灵"，也成就了千古文章。从《诗经》迤逦而下，《离骚》空灵神异："闻赤松之清尘兮，愿承风乎遗则。贵真人之休德兮，美往事之登仙。"李白"十五好剑术""十五游神仙"，并加入过道教，他的"游仙诗"受到"万物有灵"的滋润，仙风道骨，蕴涵着一种动人心魄的美感。

"万物有灵"让三星堆人崇拜天地、崇拜山川、崇拜祖先、崇拜飞禽走兽，留下的青铜文物营造出梦幻般的神巫境界。也许在那个生气勃勃的青铜时代，人类刚告别了石头，有如一个充满好奇心的小男孩，看见鸟儿在天空自由飞翔，便想象自己也能长出翅膀，看见老虎那么威猛，于是就想拥有一个虎的身子。充满奇光异彩的想象和创造力，洋溢着天真烂漫的童心，仿佛古蜀国上空真有人面鸟在翩翩飞翔。

"万物有灵"确实生命力强悍，时至今日仍到处都能见到行踪。过年贴门神，农民们仍然祭灶神，在猪圈、竹、树上贴红纸；城市里电冰箱微波炉俱全的厨房仍有人贴灶君像；防盗铁门上也有人挂照妖镜和斩妖刀；豪华商铺里高供起财神或关圣人，并且点亮电灯泡红蜡烛，让它长期红光闪闪。庙宇也是越修越多，供奉的不仅有儒、释、道，还有中国的皇帝，外国的耶稣。

祭祀在某种程度上也算得上是一种感恩行动,天地赐人以万物,使人类得以生存发展,人类的良知应充满感激。祭祀时,巫师或许戴着面具,以增加进入图腾世界的效果,这种现象在史前岩画中就有保存,戴面具的舞者,有的画了妆,有的则赤身裸体。三星堆有十余件青铜面具,其中两件体形大到需数人才能抬着行进,还有几件青铜头像戴着金面。这些情况说明面具通神的特殊功能。现实中也有例证,当今,一些少数民族仍保留有戴着面具亦歌亦舞的傩剧。

三星堆人将"万物有灵"物化为表示精灵、神怪、巫师、祖先的青铜文物,乃至通天的神树、拥有三界的神坛等祭器和礼器,展现迷人的精神文化魅力。

青铜神坛分为三层,最下边一个圆座上一正一反立着两头神兽,神兽长着羊头、象鼻、兽耳、牛蹄,尾巴高高翘起如鸟翅,复合型的走兽类似麒麟。中间是四个站立的大力士,他们分别站立在四方,力士们穿着短袖对襟衣衫,上有几组火纹,头戴高冠,冠上饰有一周太阳纹图案,身着短裙,均裸露着壮实的胳膊和双腿,显得健壮神勇非凡,壮腿上刻着眼睛图案,双手则虔诚地抱握胸前,握着一个杖状器物,惜其上端已残缺。四个大力士顶立起最上一层,四面的神山和神山上的宫殿建筑,四面神山呈花瓣状连在一起,上面满饰云雾纹,神山顶起一个方斗形的宫殿,方斗中部镂空,宫殿四面各有五位跪坐人像，人像排列整齐，双手抱握胸前，姿势如同大立人，宫殿上梁正中有人面鸟身像，四角还站着四只神鸟。

神坛是三星堆人的三界四方观念，集中体现了他们对天地、自然、神灵、人世的认识体系，和原始宗教活动的整体面貌。方斗上额四面的正中塑着鸟身人面像，部位的重要传递出的信息，意味着古蜀先民诸神崇拜中的主神。据考证，古蜀的四方排列习惯使用的顺序是南西北东，不同于中原的东南西北。神坛的上中下三层象征三界四方，说明古蜀先民的空间概念已相当成型。

博物馆中展出了一个放大的神坛，布展环境充分渲染了庄严和神秘气氛，把光线搞得朦朦胧胧，打入红光，状若火焰在燃烧。众多的古蜀人或跪或拜，簇拥着高台正中巍巍耸立的巨大神坛，神坛弥漫着梦幻色彩，在博物馆悠远神秘的乐声中，扩散着一股动人心魄的远古神韵。

三星堆最大的祭器是3.95米高立于山形基座上的青铜神树。神树主干三层，每层向三方伸出三根树枝，蕴涵着三层九重天的意思，九根树枝末端吊挂一个圆溜溜的果实，其上站立一只神采奕奕的小鸟。所余一方则有一龙沿树杆逶迤而降，方形龙头在下，龙尾在上，威武的龙身挂着牙璋，龙爪呈人手形按在树上。神树无论从体形、造型和铸造工艺，在世界范围都属出类拔萃的，这些构造颇和《山海经》中的"建木"——青叶、紫茎、玄华、黄实，上有九枝回曲，下有九根盘错，树上有龙蛇，有冠缨，果实如圆鸟蛋吻合。由于出土时树顶残缺，有人说缺一只鸟，有人说不缺，说不缺的理由是认为每天有一只太阳鸟要到天上值勤。十鸟栖息之"建木"重出江湖，成为"十日神话"的实物例证，闪耀的岂止是奇光异彩！有人猜测，祭祀时，神树就供奉在祭坛上，巫师们在神树下踏罡布斗，持续长时间抑扬顿挫地祈祷，所有的人都因敬畏而安静，人的期盼和渴求，在香烟中袅袅飞升，由不得你不信此时人神已能沟通。

青铜神树灵光闪闪，树和龙结合，龙和凤（鸟）结合，中华民族是龙凤传人，神树生动传神，直逼内心。古人用信仰铸造了美感，再用美感重铸了信仰。如此生动传神的艺术杰作，具有很强的吸引力，台湾作家席慕容参观三星堆时，从上午进馆，看到中午一点钟还意犹未尽，她本已走出了一号展厅，复又匆匆折返回去，再次围着神树转着圈，嘴里喃喃说着："以后有机会还要来。"神树已深深镌刻在她心中。

"树"崇拜的文化现象，在我国古代较少见，在南亚、西亚却较普遍。古印度有"宇宙树""太阳树"；古埃及有"天树""神树"；北欧有"伊德拉西尔"的宇宙树；东南亚也有形形色色的神树。三星堆的青铜神树填补了我国这方面的空白，它具象化了古人对宇宙天象的认识，寄托着古代的吉祥观念，并以鸟象征"十日"加倍丰富了神树的意义，因而兼具了"宇宙树"和"生命树"的双重含义，青铜神树以强烈的视觉冲击，携裹着气势，让人怀着深深的敬意。

人类生存与树息息相关。森林涵养水土，美好的环境离不开树，树的果实为人类提供食物，树的叶绿素分解二氧化碳提供氧气，有树的地方就有生机和安宁。名山胜迹往往固充满灵性的奇树，而备受尊崇。青铜"神树"美轮美奂，吸引人们做出了多种解释，有"十日神话"说、"天梯"说、桑树说、测日影的坐标说等等。

古蜀是蚕桑之地。中华民族早在5000年前就解读了栽桑养蚕抽丝剥茧的过程，蚕桑在中华民族"男耕女织"中意义非凡。蚕丝出自生命的妙门，整个过程从植物到动物，从爬行到飞翔，妙不可言。古蜀属中华最早驯养野蚕的地方之一，传说中发明养蚕缫丝的黄帝正妃嫘祖，据考证就出生在四川。三星堆文物的纹饰中亦有蚕蛾形象，桑树崇拜和蚕蛾形象一齐在三星堆，令人深思。四川简称"蜀"，"蜀"字下面一个虫字，上面像一对鼓鼓的大眼睛，似有蚕的形象。顺此解释蜀族的先祖"蜀山氏"，即指居住地山上有蚕。第一代蜀王名"蚕丛"，"蚕丛"即"丛蚕"，是指将蚕聚集喂养。野蚕性孤独，喜欢各据一叶，以保证食物充足。《尔雅·释山》："大山恒，属者峄，独者蜀。"孔颖达疏："虫之孤独者蜀。是以山之孤独者亦名蜀也。"在远古，要将性喜孤独的野蚕聚集喂养，殊非易事，估计最初是在桑林中放养，直接从树上搜集蚕茧，然后逐步过渡到家养，正好是从"蜀山氏"到"蚕丛氏"

的过程。丛蚕喂养，陶器加盖会将蚕子闷死，岷山多竹，估计是用竹篾编成细眼竹筐，通透性好，又便于排除粪砂，解决了这个问题。发明养蚕缫丝不仅带来生产力的巨大飞跃，而且随着这项技术逐步成熟，使古蜀人表现出罕有的自信，与周边有了广泛的交换，获得蚕丛氏的美名。

在时间上，养蚕缫丝比人们熟知的中国四大发明更古老。数千年岁月悠悠，从中原到巴蜀，从华夏到海外，丝绸曼妙的舞步遍及全球。丝绸之路在东西方文化交流中功勋卓著，早在公元2世纪下半期，那时传到西方去的中国上等丝料，在罗马市场上，每磅价格高达12两黄金，这种惊人的天价，曾使奥地利皇帝咂舌。更为神奇的是，国外学者曾从一具古埃及的木乃伊（女性，30岁－50岁）的头发中发现了一小块来自中国的丝绸，时间距今5000年左右。丝绸居然那么早就飞越万水千山到了北非，神奇有如天方夜谭。

关于蚕神，《搜神记》中有一个"马头娘的传说"流传很广。大致相同的情节还见于《蜀中广记》卷七一："蚕女者，高辛氏之世，蜀地未立君长，无所统摄，其人聚族而居，递相侵噬，广汉之墟，有人为邻土所掠去已逾年，惟所乘之马犹在……"后来白马救主，竟要求与蚕女成亲。值得注意的是"广汉之墟"即三星堆所在地广汉。又《四川通史》卷四四记载：古蜀"蚕女墓"在什邡、绵竹、德阳三县交界，石亭江北岸。"三县"交界正好在三星堆在这片区域,这些记载,让三星堆神树以老成的姿态和高标遗韵,连接起中国丝绸畅远的回响。

俗话说"吃的山珍海味,穿的绫罗绸缎"。三星堆的青铜人像戴着花冠、平顶冠和羽冠等多种冠冕,大立人更是身着三层华服,方形披巾上绣着龙纹,直达膝部的长襟衣上,装饰有人面形花边,依稀显示出刺绣的痕迹。这些丰富的纹饰,精致的图案,反映出当时服饰的水平,有身份尊崇,亦有巫术感应,这些服饰中说不定就有丝绸。

丝绸质地滑腻而富有弹性,以艳丽的色彩、柔软的手感,相伴人类数千年长盛不衰。衣裙联系着纺织这门古老的技术,三星堆有不少圆饼形和梯形的陶纺轮,这些早期的纺织工具,隐隐凸现着丝绸到服饰的痕迹。人们那么喜爱丝绸,个中会不会有生命气息相通的情况呢?当今之时,用高科技对丝绸深入研究,已完成了蚕丝的基因图谱,通过改变它的DNA排序,前瞻作为中华文明象征、带来几千年荣耀的丝绸,将会出现彩色丝,生产出药品和干扰素,乃至从中提纯高蛋白作为太空领域的生命能量,一条全新的丝路正在辉煌拓展开去。

应该说,这个时期的古蜀先民的宇宙观和世界观已由初民的原始思维,逐渐形成了原始宗教意识。东方原始宗教信奉万物有灵,中国的本土宗教道教产生过程中,不仅汲取了道家,儒家,墨家的思想,亦有鬼神观念、巫术和古蜀的"万物有灵"。其教义中认为现实世界存在着无数神灵,人人都有成仙的可能。从带有浓厚原始巫术色彩的龙、虎、鸟、蚕、鸡等图腾，到强烈的神树、神山、神灵、祖先、太阳崇拜，再融入想象丰富的神话传说，使道教在东汉末最终在蜀地创教成功。三星堆原始宗教中有龙、虎、鸟、鱼崇拜，推测应与道教文化中的青龙、白虎、朱雀、玄武有传承关系，成为人们升仙想法的重要载体。道教在蜀地创立成功，应该说社会状况也帮了大忙。受三星堆文化的影响，秦汉之后，四川地区盛行长生不老、升天成仙等神仙观念，大量出现的汉画像砖、摇钱树，正是这一观念的反映。当时，蜀中黄老之道盛行，《渊鉴类涵·道部》载："陵学道于蜀中鹤鸣山，时蜀中人鬼不分，灾疾竞起，感太上老君降正一盟威之法，始分人鬼，置二十四治。"二十四治就是二十四个教区，其中广汉郡就有五个治，可见当时广汉地区黄老之道的兴盛。而且，蜀地有许多少数民族，其宗教习俗颇尚巫鬼，也为道教的诞生提供了良好的条件。由"巫"成"道"，"万物有灵"伴随其始终。

古蜀族从岷山迁来盆地，当他们终于走出大山，来到成都平原这方沃土时，不知有多欣喜！于是叩石垦壤，挥洒豪情，开始了筚路蓝缕的创业，为了生存，他们只有努力再努力。平原以一种慈母般的祥和，长久地庇荫着这种坚强，也庇荫着"万物有灵"的美丽神话。

古道苍茫云水间

　　道路与人共生，人类从站立起来，走得多的地方便有了路。路经过千万年的演变，到现代，随着科学的飞速发展，更是上天入地下海，形成立体的交通体系。三星堆时代无疑也有路，稍加梳理，便让人惊叹不已，那些路不仅年代久距离远，有小路大路，而且有陆路水路。

　　三星堆处于四川盆地西北缘，高山环绕河网纵横，自古就有"巴蜀四塞"之说，封闭的地理环境，反而激发了与外界沟通的强烈愿望，古蜀先民以大无畏的精神冲出盆地，进行了广泛的交流，使三星堆文明更具开放性。《史记·大宛列传》载，张骞在大夏见到蜀布和筇竹杖，寥寥数语就透露出古蜀道非同寻常的精彩。筇竹杖出自四川的雷（波）马（边）屏（山），蜀布就是麻布，到现在四川还在生产这种纺织品。考古研究证明，在西汉以前，麻布的原料麻线都用纺锤拧绞而成，纺锤由纺轮和拈杆两部分组成，拈杆插在纺锤中心的圆孔上。操作时,需手提纺锤,通过不断旋转纺锤,将麻纤维纺成线,持续到手提的最大长度时,就将麻线缠在拈杆上,再继续旋转拈纺。麻线经过编织便是蜀布。三星堆出土有多个陶制的纺轮,说明这种技术已广泛使用,这种原始的纺织工艺方便实用,现今一些少数民族还在使用,笔者在西藏工作时就曾亲自用这种纺锤纺过毛线,一天下来,足可纺出一大团毛线。

张骞见到的两件蜀物来自何处?答案只能来自蜀地的南边,因为当时北方丝绸之路尚未开通。国外也有两条史料印证了这个神秘通道的存在。大夏人曰:"吾夏人往市之身毒(古印度),身毒在大夏东南,去海数千里,……有蜀物。"公元前320年至前315年,印度的旃陀罗笈多王朝考第利亚所著书中,也称"支那(china)产丝与纽带,贾人常贩至印度"。

更为神奇的例证是:前些年,奥地利研究人员从一具古埃及木乃伊的头发中发现了一块丝绸。木乃伊属"二十一王朝",距今已有三千多年。可见,与南亚、西亚的交往不仅有蜀布、筇竹杖,而且丝绸亦已跨越万水千山,到达了北非,年代更为久远。让人惊叹的是:这个时期正好与三星堆古蜀国兴盛期重合,这一小块丝绸传达出南丝路的旷古奇功。

在三星堆博物馆螺形主馆前的圆形花圃中,矗立着一块黑色大理石碑,"古代南方丝绸之路零公里"一行鲜红的大字耀人眼目,碑文为李学勤先生撰写。"南方丝绸之路的提出,在世界学术史上是非常重要的。应该把欧亚大陆作为一个整体来看,而中间进行连锁的环节,就是过去所说的几条丝绸之路。这几条丝绸之路里面,最值得进一步开发的,就是我们说的南方丝绸之路,即西南丝绸之路。而在西南丝绸之路这方面占据一个非常重要关键地位的,一定就是三星堆。"李先生高度评价了三星堆在南丝路中的重要作用。

"丝绸之路"的概念是德国地理学家李希霍芬(F.Von Richthofen)在1877年提出的,指以丝绸为主要内容的东西方商路,后来成为一种文化的代称。经过一百多年的研究证实,中国古代连接东西方的商路,不仅有北丝路、南丝路,亦有草原丝路和海上丝路。

南丝路,当然离不开丝绸,这印证了巴蜀是中国古代丝绸的发源地之一。南丝路先秦时称作"蜀身毒道"或"滇缅道"。这条从成都平原出发,途经云南、贵州和两广,直达东南亚沿海和缅甸、印度以至中亚广大地区的古代商贸通道,线路最长、历史最悠久,穿越时空至今光彩夺目,堪称国际交通大动脉。三星堆遗址的青铜神树、金杖、金面罩、莲瓣铜铃挂饰等,均与南亚乃至西亚文物特征偶合,数量可观的印度洋和西太平洋海贝,则更是"南丝路"荣光的实证。

公元前316年,秦灭蜀,开明王朝余部南逃,逃跑路线多半就是借助了这条路。以后,三国时诸葛亮南征"七擒孟获",元朝的蒙军攻滇,太平天国的石达开入蜀,抗日战争的滇缅公路都或多或少与这条道相重合。2007年,四川、云南二十多家文博单位和学术机构举办《三星堆与南方丝绸之路青铜文物展》，展品中不少文物，带有中亚、西亚文化风格，一些器物甚至有北方草原文化风格，展览展示了南丝路的研究成果，让人联想到山间铃响马帮来的盛况。

南丝路镌刻着难以想象的智慧，这些地区至今仍能见到栈道、溜筒和索桥，它们悠悠叙说着远古的神奇，让人可以一窥古人的履艰历险能力。江河上的索桥凛凛然系着坚毅与果敢，史载"夷人于大江水上置藤为桥谓之笮"，"笮"字上为竹头，说明最早用过藤和竹，后来才发展成铁索桥。溜筒比之索桥更绝，一绳系于河之两岸，绳上套筒，人、货乃至牲畜，吊在溜筒下来往，索下几十米就是惊涛骇浪，两岸青山巍巍林莽苍苍，保准溜一次就终生难忘。川滇边还有一段秦时的"五尺道"，秦之五尺约相当于现在一米左右，是一条很窄的毛路。据称五尺道在森林茂密处，曾将沿途之树按所需高度锯断，树与树之间搭上木板以通人畜，这种路真是巧夺天工！南丝路石板小道上至今能找到马牛踩成的蹄窝和杵杆杵成的杵洞，古人的艰辛与执着令人肃然起敬。

南丝路蜿蜒于历史深处，在古代非同寻常地联系着印度、中国和两河流域这三大文明，其发达的根系深入到各个民族的文化深处。古代的商旅跋涉万里，在互通有无的商品交换中，却结出了促进各民族发展的文化硕果，影响了亚细亚的众多国度，留下了深厚的人文记忆。在中国川滇间，一些少数民族至今保留着一些奇风异俗。比如，傈僳族新娘用大黑布罩头，主婚人穿白麻布衫。新娘即使嫁到隔壁，送亲队也必须清早出门，在山野绕行至黄昏才到夫家，完全吻合"婚"字的时间概念。而且婚宴摆在田野里，以松毛铺地为桌，大家坐在劈柴上就餐，巫师以各种树叶、花、草作为卜问祖先神灵的"文书"。这些曼妙古风，会不会就有古蜀生活方式的影子？

其实，四川盆地往北的蜀道也早就声名显赫。近代考古发现，川青西北高原在远古就存在一条民族迁徙的走廊，以古昆仑山系为分水岭，人类沿河谷迁徙，四川这一段长江支流多呈北南走向，正好给甘青高原的氐羌族走向成都平原提供了条件。据童恩正先生在《古代的巴蜀》中介绍："在远古时代，有一支氐族从川西高原进入成都平原的边缘地带，这就是蜀族的祖先了。" 氐族和羌族，是中华民族中最古老的民族，他们同"东南夷"交融，创建了华夏文明，而氐羌始于岷山，因此有学者认为"中华文明肇自岷山"是有道理的。氐族从岷山辗转迁徙到四川盆地内，肯定踩出过一条古道。

《禹贡》中记载有一条向中原朝贡的贡道。李白云："西当太白有鸟道，可以横绝峨眉巅。"太白山在秦岭之北，而峨眉山在四川盆地的西南。"鸟道"越过秦岭，沿着岷山、龙门山、邛崃山抵达峨眉山，一千多公里长。天路般神奇之"鸟道"现身《蜀道难》中，未必仅属诗意的夸张？不能排除李白曾看到过这方面的记载。有学者认为"鸟道"并非鸟飞的路线，而是指一条崎岖的山道，是上古人类根据候鸟迁飞路线，开辟的迁徙之路，这个观点无疑极富挑战性和想象力。蜀陕间还有一条著名的"横道"（也就是谷道），"横道"溯江源河谷，向北越过秦岭，经汉中，抵达关中平原。三国时的蜀人秦宓称："上古三皇出自谷口。""谷口"即子午谷，悠悠"横道"远系三皇，足见远古人类在冲破阻隔和迁徙上做出的罕有努力。前进和迁徙是繁衍种族和拓展生存空间永恒的课题，伴随着人类进化的全过程，在千万年不知疲倦的迁徙后，人类的足迹现已遍布世界各个角落。

三星堆地处川西平原，不产铜、金、玉，三星堆却有着众多的青铜器、金器、玉器，其原料肯定也是经由道路运输而来。

在三星堆那个时代，估计往北的蜀道主要与石牛道（或称褒斜道）相联系。具体路线大概是从三星堆向北，经绵阳、剑门关，在广元朝天驿穿过金牛峡，越七盘关进入汉中，再经褒水之褒谷，翻越巍巍秦岭，出斜谷抵达渭水平原。后来诸葛亮六出祁山选择的就是这条道。石牛道上的古栈道凭虚御空，斗折蛇行于悬崖峭壁之上，李白浪漫地想象站在上面可以"扪参历井"，诗意的夸张惊心动魄，打动过多少人心！古栈道不仅历史悠久彪炳史册，也是一座精神高地，而且技术含量很高。山崖上凿出上下两个方孔，上孔插入横木曰梁，下孔插入斜撑为柱，梁柱榫接成一组三角形支撑，用檩条连接起一组组三角支撑，檩条上再铺上木板，栈道就穿行于云雾之间了。惊险山崖上的打孔极可能是吊在悬崖上完成的，当初凿孔使用何种工具？青铜显然没有岩石硬，如果是铁器，那又起于何时？梁柱必须在凿孔中卡得很牢才有承重能力，这里已有计算和总体策划。再说吊在山崖上需要大量牢靠的绳索，用的又是何种材料？完成如此浩大的工程，大量人力，还有食宿、运输、维护保养等诸多问题，栈道寸寸铺陈着血汗、坚毅和大智大勇，古蜀先民真的太伟大了！

蚕丛、鱼凫那个时代，囿于生产力水平，想必筑路难，行路也难。周期为百余年的大地震，大洪水、泥石流，常常造成崩山塞川，还有战乱和野兽出没，蜀道肯定免不了通了断、断了再通的情况。遥想的古蜀先民风尘仆仆于蜀道之上，肯定备尝艰辛，而且以苦为乐，这种用灵与肉构筑的通道，何尝不是一本光耀古今的教科书。

怀揣着珍惜与缅怀，"5·12"大地震后，我曾去过一次剑门蜀道。经过灾后重建，栈道旁新修了亭台，青山耸翠野花乱点，山泉淙淙，清风徐来，山岩上青松风姿绰约，山林中鸟鸣清幽，清溪中游鱼须鳍毕现，让人思接千载气畅神闲。仰观天上飞机呼啸而过，俯视山下公路上车流滚滚，宝成铁路上飞驰着电气机车，河里往来着舟船，一部现代立体交通体系在蜀道上演奏着壮美的进行曲，让"蜀道难"的历史一去不还。

从典籍中可查到蜀地与中原贸易中有丝亦有马，那时是否有车？虽然制造简易的车子并不复杂，三国时诸葛亮也在栈道上使用过木牛流马。但能够推想：除了牲口驮运，崎岖小道上，大多数能采用的办法是人背，背累了，将背篼用丁字形拐杵撑靠着山崖歇气，长年累月，竟在石板上戳成深深的杵窝。古蜀先民有灵，看见现代立体交通体系演绎的沧桑巨变将会何等惊喜。

和古蜀道一起留下来的还有凄美得让人心颤的金牛美女传说。西汉扬雄的《蜀王本纪》中记载："秦惠王时，蜀王不降秦，亦无道出于蜀。蜀王从万余人，南猎褒谷，卒见秦惠王，惠王以金一笥遗蜀王，蜀王报以礼物，物尽化为土。秦王大怒，臣下皆再拜，贺曰：'土者，土地。秦当得蜀矣。'秦王恐亡相见处，乃刻五石牛，置金其后，蜀王以为金，便令五丁拖牛，成道至三枚于成都。秦道乃得通，石牛之力也。"

文中提到的"五丁"是古蜀大力士的总称，一些名垂青史的古蜀大工程，多出自他们之手。"天为蜀王生五丁力士，能徙蜀山。王死，五丁辄立大石，长三丈，重千钧，号曰石井，千人不能动，万人不能移。"（《蜀王本纪》）考证五丁的身世，一说为劳役形式，指为控制百姓，实行连坐法的一种基层组织，如《春秋繁露》中记载的"梁内役其民，使民比地为伍，一家亡，五家杀"；另一说是拥戴开明氏的五支氏族、蜀族的五个分支，或开明氏从荆楚带来的五支部族。还有一种可能，"蜀尚五"，蜀人喜欢"五"的数字，"五"可能泛指服役的广大民众。

这些记述中，暴露出蜀王穷奢极侈，滥用民力，横征暴敛，将蜀民置于水深火热之中的荒淫昏庸。另载，他曾修建七宝楼以珍珠为帘；造奢华游船称作鹦鹉舟；爱妃死了，在成都为王妃建大墓，相传墓前石镜（巨石）都有4米长。秦国制造了一个金牛美女神话，他就开通蜀道，把秦军迎了进来。《古文观止》中的《司马错论伐蜀》，有一段秦国君臣讨论灭蜀的论争：张仪主张东进伐韩灭周，挟天子以令诸侯，认为蜀乃西僻之国，兴师动众得不到多少好处；司马错则坚决主张南下伐蜀，称"蜀有桀纣之乱"，伐蜀不仅能富民广国，而且有除暴安良之名，一举两得。秦惠文王最终采纳了伐蜀的意见。

传说五丁运送金牛美女曾碰到巨蟒拦道，五丁拔出长剑砍蟒，巨蟒钻入山洞，五丁合力拉住蟒尾，霎时山崩地裂，五丁和美女全压在崩山下面，这就是"地崩山摧壮士死，然后天梯石栈相勾连"。蜀王悲痛不已亲往悼念，筑台名叫五妇堠台（又称蜀王思妻台），又亲自料理修筑了坟冢。这个"有情有义"的蜀王开明十二尚在哀哀戚戚，秦惠文王的大兵已打了进来，三个月就灭亡了蜀国，并挥师占领了巴国。秦灭蜀在公元前316年，秦军大将是张仪、司马错和都尉墨。秦方虎视眈眈，蜀王却乐呵呵做着美梦，打通金牛道，自掘坟墓，留下千古笑柄，这种局面，恐怕想不亡国都难。

检索一下古蜀史，开明氏主蜀之初，约相当于春秋的中后期，国力还是不弱的。卢帝曾攻打秦国到了"雍"（今天陕西的凤翔附近），"雍"曾经是秦国的国都。在南面，保子帝攻打青衣（青衣在今天的宜宾附近），可能这些地方少数民族当时已臣服于蜀，这些军事活动都应得到古蜀道支持。后来蜀国逐渐衰微，《秦本纪》载："厉共公二年（公元前475年），蜀人来赂。"蜀国已经开始向秦国纳贡讨好了。到战国初期，蜀人似乎已经放弃了汉中地区。因为《秦本纪》载："躁公二年（公元前441年），南郑反"。说明汉中西南的南郑本已属于秦国版图。到秦惠公十三年（公元前387年），秦"伐蜀，取南郑"，此时距蜀国灭亡只有70余年了。这些军事行动何尝离得开路！

　　古蜀道是我国开凿时间最早，使用时间最长的工程之一，同万里长城、大运河一样是人类历史上的奇迹。如果说长城是拒强敌于国门之外的话，那么古蜀道展现的却是交流联系的开放精神。文化重在交流，交流促进发展，悠悠古蜀道大气磅礴。

　　古蜀道超出想象的是有陆路亦有水路，巴蜀先民很早就借助了长江水系发展交通。这条水路得益于盐，任乃强先生有一个观点："人类文化总是从产盐地方首先发展起来，并随着食盐的生产和运销，扩展其文化领域。"他的研究结果是：古羌人从多湖盐的青藏高原向四方行盐，行盐的足迹走到哪里，人便流动到哪里。其中一支，携哈羌盐从松潘草原循岷江河谷南下,在气候温暖、适于农耕的成都平原发展成蜀族。再回首哈羌已千山阻隔,蜀族需要盐,他们能在成都平原站稳脚跟并延续一两千年,其中一个重大秘密,就是获得了巫、巴之盐。估计当时的水路是从鸭子河(古湔江)入今石亭江(雒水),再至金堂入沱江,于泸州入长江,沿江东下至三峡地带,购回巫载国的泉盐。盆地中心的优质产品沿江东下,巫盐溯江西来,一些史学家将其称为巫盐之路。在成都平原和三峡地区均发现大量蜀文化的典型器物鸟头把勺,佐证着当时的这种交流。更有甚者,三星堆和金沙遗址都发现有良渚文化的玉琮,说明巴蜀与长江中下游早有交流联系。广汉南郊"女儿坟"汉墓中出土的汉砖上,有一"大江行筏图",江中有人放筏,江里有鱼虾,江岸还有人垂钓,此图形象地留下古蜀航运的场景。鱼凫族以捕鱼的水鸟为图腾,是一个熟悉水性的部族,估计当时不仅有木排、竹筏,还应有独木舟和船。因为到战国时,蜀国的造船技术已相当成熟,为了保持船的平稳和增加载重量,甚至将两船并联成"舫船",没有一定发展过程难以达到如此成就。《史记·张仪列传》载:公元前308年,秦武王派司马错东出夔门伐楚,就动用了蜀中的大舫船,运载军队十万人及军粮600万斛(一斛为10斗,约320斤),气吞万里如虎,一举将楚国富饶的沅水、澧水、清江及黔江流域悉数吞并。

古蜀人享受着江河带来的便利,也必然承受着水患的重大危害,治水的艰辛,演绎着一个个英雄传奇,四川北川有大禹治水的禹迹，金堂峡有鳖灵治水在山崖上留下的足印，都江堰堪称旷世丰功。都江堰有一民间传说：岷江水神每年都要索要小姑娘当媳妇，否则就用水患祸害百姓。李冰为了治水，不惜将自己的女儿献祭江神，并变成一头牛与江神搏斗，在部属的帮助下，李冰最终杀死江神。这些治水英雄造福一方，为百姓千秋万代景仰。

悠悠古蜀道在中国西南的崇山峻岭中蜿蜒，其源起时间早已湮没于历史的长河中。在生产力水平那么低下的情况下，古蜀先民尚能在高山深谷中开通蜀道，豪情万丈地冲出了盆地，将蜀地的丝绸、蜀布等销往了中原、长江中下游，开跨国贸易之先河，其意义不仅仅是竖起人类建筑史和交通史上的丰碑，而且是传播自身文明，吸纳外来文明的杰出成就。

蜀道在艰辛中开拓，在延续中辉煌，越走越宽阔越走越亮堂，默诵着李白的《蜀道难》，叩问那些穿云破雾的崎岖小道，体悟到的不仅仅是浪漫和感动，油然而生的是高山仰止的豪情和崇敬。悠悠古蜀道，传递着亘古不变的创业精神，人生的道路何尝不是如此。古人因梦想而创造，我们用创造延续荣光。

好一个巫玉世界

镂石攻玉是人类一项辉煌的文化成果，中国被称作"玉器之邦"，是世界上最早使用玉器的国家之一，中国玉器在人类文化史中有着重要的地位。先民们从接触美石开始，进而识别玉材，再到琢磨玉制品、制造精美玉器，如果美玉没有内在的力量，没有力与美的原质，它不可能对人们普遍产生强烈的震撼作用，从古至今延续了那么漫长的岁月。距今50万年的北京猿人洞穴堆积物中，就发现有用水晶、蛋白石等玉材打制的器物。尽管人们习惯将其称作石器，但毫不含糊它们至今仍是世界通用的玉石材料。有"中华第一玉"之称的辽宁海城小孤山仙人洞的岫玉砍斫器，距今已有一万年的历史。最早的琢磨玉器，可以追溯到七千年前的河姆渡小玉璜，那是一件随身携带的挂饰。

手工劳动是人类创造世界的发端，打制石器是创造物质文明的开始，而琢磨玉器，则意味着精神财富的创造。甲骨文已出现"玉"字,字形如"丰",像三块美玉被绳穿在一起,象征着天、地、人相通。最先,"玉"字并没有一点,同帝王的"王"字,可见其地位的尊崇。古人将玉认作"天地之精",既然成了"精",就不仅是天地所化生,同时又能化生万物。"玉在山而草木润,川生珠而岸不枯。"《大戴礼》中的描述就是古人这种认识的写照。

《说文解字》称:"玉,石之美,有五德,润泽以温,仁之方也。""石之美有五德者"在古人心中都是玉,《辞海》释玉为"温润而有光泽的美石","玉材"的概念是比较宽泛的。悠悠数千年,人们一直传承着这种对玉的解读和珍爱。玉石的天生丽质被拟人化,糅进了人们对善恶、荣辱、美丑的观念,注入了哲学思想,进而产生了系统、规范的理论,西周初年周公制礼,玉论已写进了国家的行政典章,玉从此成为国家政权和君权的代表。

儒家对玉推崇备至,孔子总结了玉有仁、知、义、礼、乐、忠、信、天、地、德、道十一种美德,又说"君子比德于玉",进一步把服务于宗教巫术和王权礼乐的古代玉器引向于社会公德和个人道德,标志着玉器人格化的形成。玉的品质成为道德楷模,奠定了玉器稳固的崇高地位。玉被赋予超自然的神力,衍生出使用和佩带能辟邪除祟、吉祥平安,甚至相信玉能益寿延年,长期服食可致长生不老。《周礼》载:"王斋则共食玉。"帝王斋戒之日,玉府必须供给"食玉"。《抱朴子》中介绍的食玉方法有：用乌米酒及地榆酒把玉化为水，亦可配以其他饵料制成粉状或粒、丸服食之。汉武帝就曾派方士用铜盆承接雨露，和以玉屑服食，想达到与天地同寿的目的。

《山海经·西次山经》中记载："瑾瑜之玉为良，坚粟精密，浊泽而有光。五色发作，以和柔刚，天地鬼神，是食是飨。君子服之，以御不祥。"不难看出，古蜀人也是食玉的。在古代文学作品中，也能找到食玉的描绘，在屈原的笔下，食玉浪漫而又精彩："折琼枝以为羞兮，精琼靡以为粻（折几枝玉树以为佳肴啊，把美玉磨成细屑当作干粮）。"经过长期积累大量实践，玉类矿物的医疗效果并在古代医学著作中记录下来，李时珍《本草纲目·金石部》就记述了玉类矿物对人体有较广的治疗作用，能主治内科、外科、妇科、五官科、皮肤科等诸种疾病。

"黄金有价玉无价"，从新石器时代一直到西汉，玉的地位一直在黄金之上。《吕氏春秋》曾言"天子衣青衣、服青玉"，《本草纲目》里则说"玉以青玉为上"。皇帝玉玺多为青玉刻制，西汉中山靖王刘胜的金缕玉衣用的是青玉片，故宫所藏国宝级大型玉雕《秋山行旅》也是青玉制作。古蜀偏居一隅，从铸造金杖和金面具的情况看，金和玉共同受到尊崇，显示出有别于中原的特色。两个祭祀坑出土玉器235件，加上珠子和管串达到486件，有璋、璧、佩、瑗、戈、凿等多个品种，类型涵盖礼器、兵器、杂器、饰品、用具以及人物和动物造型等多个方面。在遥远的古代，如此丰富多彩琳琅满目的玉器，不知浸透了多少血汗，通过多少年的积累，才得以留存。

要想获得美玉首先要获得玉料，蜀地古时有个采玉习俗，下河采玉必须是黄花闺女，沐浴后，赤身裸体下河寻觅，才能找到美玉。这种方式源于一个玄而又玄的理论：玉璞生于山中，初时软如棉团，经山洪携之于江河，受日月的精华，经风雨雷电之洗礼，在碧波清流的抚慰下，就像十月怀胎一样，经过漫长的异常美妙的生长过程，最后才硬化成为美玉。带着高洁品德的美玉躲在江河中，怎肯轻易见人，于是根据阴阳五行，认为玉和少女同属纯阴，裸身潜水取玉，是以洁诱洁，以阴召阴，这样，美玉就藏不住了。《天工开物·珠玉第十八》载："秋间明月夜，望河候视。玉璞堆积处，其月色倍明亮。""河水多聚玉。其俗以女人赤身没水而取。"也有这种颇具神话色彩的记载。试着设想一下采玉的画面，月色朦胧，少女像条白鱼在劈波斩浪，猛地扎入水中，再浮出清波时，闪着白光的身子挂满水珠，双手捧着玉璞，也许冻得发紫的嘴唇还挂着微笑，取玉的过程美丽圣洁得无以复加。

迄今为止，三星堆仅发现青铜，青铜的硬度显然切不开玉石，而许多玉器还钻有规整的圆孔，包括较小的玉管、玉珠都打了孔可以穿绳，这些工艺都显示出使用了硬度更高的工具，不能排除的一个可能就是使用了铁器，尚待将来证实。从玉器上留下的痕迹，根据时下玉石制作的办法往上推，估计应使用了线切、砣切、片切等方法。片切是用镶嵌了金刚砂的石锯进行切割，边切边加水；线切是在动物的筋条、兽皮条上粘上解玉沙，加水反复拉锯，用成年累月的坚韧剖开玉料。后一种方法被博物馆的解说员采用："锯割使用了晒干后的牛筋，将其略微弄湿，沾上金刚砂在玉料上反复拉磨而成，这些材料在当时都找得到。"小件玉器牛筋锯割似行得通，但对付大件玉器就有困难了，如那件残断仍有一米六的巨璋，牛筋锯割显然不行，一则没有那么长的牛筋，即或有，又需要多少牛筋加上艰辛才锯割得开？线切法、片切法均是笨办法，由于至今未发现治玉工具，仅发现一坑磨石，青黄色的大小卵石数十件堆放在一起，光滑的磨石留有如砥的磨面，当是抛光玉面反复蹭磨形成，这些磨面记录着天长日久的岁月和重重叠叠的疲惫，不知是用多少手上的老茧和生命的长度磨成？古代的玉工简直是把这种劳动当作信仰，把自己整个儿奉献了出去。

从玉石器上的切割痕、锯痕结合抛光打磨的情况看，古蜀人在对玉器的成型中，大致已运用了锯、凿、挖、琢、磨、雕刻及抛光等诸多手段，还能看到镂空上花、透花、打眼、钻孔等复杂工艺，充分显出古蜀先民的勤劳和智慧和工艺的逐步成熟。

三星堆玉石器使用的材质，软玉硬玉都有，有价值低廉的墨玉，也有贵重珍稀的琥珀、玛瑙、碧玉等好几十种岩矿。制成的物件有生产工具类的斧、锛、凿，有装饰品石珠、玉珠串、玉管，最多的是用于祭祀的礼器的璋、璧、瑗、环、圭。在中国林林总总玉器大观园中独树一帜，显出了自己的特色和神奇。最神奇的是两件国宝级文物青灰石边璋和玉牙璋。

青灰石边璋长54.5厘米，外形酷似一把大刀，出土时灼烧痕迹明显，最珍贵之处是其射部和柄部各有一组的图案，呈对称布局。最上层三人头戴平顶冠平行站立，耳系铃形耳饰，长衣达膝，脚着翘头靴，两足外撇呈一字形，双手在胸前做抱拳状，两拇指向上相抵。其下是两座山，山顶内部有一带点圆圈（可能代表太阳），两山之间有一盘状物，上有飘动的线条状若火焰，圆圈两侧分别刻有"云气纹"。在山形图案的底部又刻一座小山，小山下是一下宽上窄的方台，应是祭祀台，山外侧，一只握成环状的大手从天而降，伸出拇指按在山腰上。第三幅图是两组S形勾连云雷纹，将上下分开。云雷纹下又是三人，带山形高帽，衣着手势同上，所不同的是这三人成跪姿。人像下的两座山内容同上，微有变动是山外侧各立一牙璋，右山头伸出一个状若象牙的钩状物横在了两山之间。这些图案虽小却简洁明了，创造出体积感和深度感很强的形象，甚至抓住了一些转瞬即逝的面部表情和动作姿态。下层人像跪拜上层人像，神山边挂象牙竖牙璋，一曲庄严高贵、由信仰和精诚支撑的祭祀华章呼之欲出，其中隐隐传来古蜀人最本真、纯净、质朴的声音，有信念、理想，也有内心的煎熬和期待渴望。他们虔诚地奉献珍宝有如残忍地舍弃，倾其一切的奉献不无痛苦，却义无反顾的神圣庄严。稚拙简洁的图案展示了一场盛大的祭祀活动，引起人们于天地人神的无尽思索。

蜀人的老祖宗是川西高原的儿女，岷山有高天厚土的养育之恩，边璋图案记录了祭祀大山特殊的地位。山离天最近，似于天界相通，祭山的本质又是祭天、祭地、祭神灵、祭祖宗。插璋以祭山，玉因其祥瑞，祭祀用璋的材料非它莫属。三星堆的玉璋头部尖尖的，无论是向内收还是向外翻，都像是模仿山的形状，铸物象形，反映出对大山的一往情深。三星堆本地属成都平原，不产玉。矿物学分析，这些玉的玉质包括硅质、石英、蛇纹石、透闪石、阳起石以及角闪石等。玉料的产地，据考证近者在龙门山，远者在玉垒山和岷山一带。刘昭注引《华阳国志》说："玉垒山，出璧玉，湔水（即白沙河）所出。"因为有"岷山即昆仑"之说，所以又有"金生丽水、玉出昆岗"。玉石来自大山，古蜀先民大概觉得用各类玉石，制成山型玉璋进行祭祀，上天神灵祖宗更能感知，从而获得更好的庇佑效果。

蜀地有"墨玉如漆者佳，西蜀有石类之"的说法。推断"墨玉如漆"，多半是指灰黑的颜色，即古人称作苍青色近墨之玉，真正漆黑如墨之玉是很稀少的。另一件国宝95厘米长的黑色玉牙璋应为墨玉之属。此璋通体黑亮线条柔美器身极薄，厚度仅0.6厘米，射部分叉如两片嫩芽，在刀与柄相接处还钻有圆孔，刻有两排整齐的扉棱，大而长的璋身圆润光滑,捧在手上都会打闪。玉牙璋的抛光技术达到很高水平,估计除了使用皮革或木质等工具外,还采用了布轮类打磨,才会获得闪闪发亮的效果,此璋制作工艺精美绝伦,是中国商代玉器中十分难得的珍品,古人诚惶诚恐孜孜不倦的制作过程怀着何等的虔敬!

祭山璋引领着一片奇光异彩的巫玉世界,虽说三星堆玉器的器形远比青铜器小,但它们的质和量以不俗的水平,达到中国玉器史上的一座高峰,共同记录着死亡与复活,期盼与梦想。遗址区还发现有几块近吨重的料石,并在展厅中进行了展出。料石的切面相当平整,且现有锯槽,出于保护的原因,在切割面上涂一层清漆后,更光亮可人,游客走到那里都喜欢伸手摸一摸,仿佛一摸就能带来灵气和好运。

中原商代玉器大致分为礼玉、兵器、日用与装饰品三大类。从《考工记》里描述用于朝聘、祭祀、发兵等礼天之器的四类瑞玉:圭、璧、琮、璋,到《周礼》中的六端:圭、璧、琮、璋、璜、琥,在三星堆玉器中均有发现,其中的璋数量最多,有玉璋17件,长度多在20厘米－60厘米之间,显示遵守了一些定制。但也有一个巨无霸璋长度超过1.6米,而且璋身残断,刻有精美的纹饰和图案,还有一个微型璋仅有几厘米长。璋是一种礼玉,一种神物,三星堆的牙璋与商代的璋相比,在造型特征、整体形状上显示出自成系统的特色。边璋上的"插璋祀山"图在商文化中更属绝无仅有。更为神奇的是,三星堆洋洋大观、阵容豪华的玉器中，居然有牙璋造型与二里头-二里岗牙璋相似，显示出在宗教观念上的相同，和与夏文化有交流、吸收、融合的可能，这不能不说是一个奇迹！

祭祀是古代国家最重要的大事，三星堆的众多祭祀玉礼器，反映出当时王侯们在经年累月祭祀中用玉规模之大。将这些尊贵的玉礼器和成套的青铜器相联系，便可看出，享有众多珍宝的主人一定拥有很高的王权和宗教地位，当时人与人之间已有了身份、等级、贵贱之分。玉崇拜原是一种文化意识，形成于古代国家建立之前，由于它和古代宗教理念天然结合，在上古思想领域有着神圣的地位。由氏族到建国，应先有统一的文化意识和地域意识，最终才会有统一的民族意识。文化意识积累于物质和精神文明的长期社会生产实践。有了统一的文化和地域意识，才会向更高的民族意识飞跃，大一统的民族意识一旦形成，便有了难以轻易征服的属性。祭祀礼器的思想内容，博大精深的玉文化反映出巨大的凝聚力和向心力，在中华文明数千年发展进程不至中断这个世界奇迹中，功不可没。甚至可以说，玉崇拜在走向统一和立国意识中扮演了先驱的角色。

祭祀玉器唤醒的是宗教般的情感力量和神圣之美，从静态到动态，从幻想到现实，从神秘到自由奔放。祭祀天地万物，包含祭祀祖先神灵。古蜀是相信灵魂不灭的，人死后灵魂由大山返归天堂。《华阳国志》中甚至谈到了灵魂是追溯古蜀族迁徙路线返归天堂的,在四川彭州市的关口,那里两山夹峙形如对阙,称作天彭门,据说李冰治水在那里考察时,就恍惚看见飘动的许多鬼魂精灵,络绎不绝地从成都平原经由天彭门,飞回岷山深处。

祭祀的最大特征是礼乐并举,史前礼乐来源于远古巫术,礼乐最初是合二为一的东西,原始的巫术礼仪发展为礼,原始歌舞发展为乐。再往后音乐歌舞就发展到为艺术本身了。神的第一种存在是宗教,第二存在就是艺术。《华阳国志》记录了一首歌词:"山崖惟平,其稼多黍,旨酒嘉谷,可以养父。野为阜丘,彼稷多有,嘉谷旨酒,可以养母。"字里行间充满了本真的人间至情,飘荡着天籁般的民歌风,三星堆玉器的风格类型,如"天地有大美而不言",很像这种自然天成朴拙纯真的民歌,具有强烈的感染力和穿透力。

和中国古代众多的美玉一样,古蜀先民这片温润的巫玉世界,镌刻着先民们的精气神。稍加比较就不难发现,它们虽然古老却并不原始,一百多年前,清人曾以仿制古玉为高品位的雅乐,留下一批仿制玉器。拿三星堆多姿多彩的玉器同那些仿品相比,虽说时间相差三千多年,却并不比仿品逊色。爱慕和惊叹它们唯美、大气、雅俗共赏的境界之余,更能崇敬地体会到古蜀先民迈向文明的豪迈足迹。

带着温情与敬意揣摩,玉能颐神养性,启迪了古蜀先民的心智;玉有灵犀,涵润了一代代华夏子孙;玉有神采,凝聚着中华民族独特的气质精神。它神秘中带着智慧，带着可怕的力量和诸多可能性，巫玉将人的日常生活笼罩在永恒的光环之中。有一个喜欢收藏的朋友，进行了玉需要经常佩戴才润泽有灵气的实验。他将一块买来的玉璧长年累月揣在贴胸之处，一揣数年，从怀里掏出来时，这块带着体温的玉璧，已成倍光滑和温润。他神秘兮兮告诉我，这块玉璧当初他买成几十元，现在已有人出价上千元。由此联想，三星堆那些光润的玉器，是否也经过爱玉的古人，几十年，几百年，一代又一代的肌肤相亲，将呼吸和血脉注入其中，最终使冰冷的玉体温润光洁，就像聊斋故事中那些成精的物品一样。所以雪藏数千年，取出来后依然如此光润。

应该感谢时代和机遇，世界那么大，美好的事物那么多，时间又那么久远，三星堆这些玉器能保留下来，冥冥中若有神助。三星堆的玉器绝大多数为礼器，这些礼器注入了古人巫术的观念，是通神的工具所以美玉成为巫玉神玉。但它们骨子里又源于生活，有其世俗的一面，一块石头、一棵树、一只鸟、一座山，简言之，任何事物通过艺术加工，都可以转化为神圣的事物。三星堆的玉璋中造型纹饰上含有深意，一件玉牙璋的顶部居然卧着一只鸟，模样乖巧可人，像在孵蛋，又像是在休息，人和鸟和谐的关系惟妙惟肖。此璋的主人是不是就住在天青水碧、野花怒放、松竹横斜的地方？在水一方有一只鸟飞来了，彼此心灵相通成为形影相伴的朋友，于是，它被具有高度艺术形象审美能力定格在这柄牙璋里,既有宗教般的虔敬,又有世俗般的率真。

我国古代的玉材有三个大类:一是中原玉类;二是新疆玉类;三是缅甸翡翠玉类。1860年第二次鸦片战争,中国宫廷珍藏的玉器被盗往欧洲。西方学者对这些玉器进行了理化分析,按硬度不同将其分为软、硬两个类别:和田玉为软玉,硬度6-6.5;翡翠硬度为硬玉,6.5-7。由此认定其他玉材不算玉,只能称作"玉石"。用西方的这种理解方式为中国古玉定名,是对中国博大精深玉文化了解颇有欠缺的,中国玉器恰恰是从被列入另册的"玉石"肇始,奠定了玉文化广博的基础。毋庸讳言,三星堆玉器中有些玉的质地确属一般,但面对这些闪烁着历史光辉的玉石器,有谁能抵挡得住它们的千古魅力?这些玉器更具巴蜀创造的对称、威严、尖锐、对抗的特征,更具有滋有味的古蜀韵味。

中原的古玉,以河南殷墟出土的最著名,三星堆的玉戈竟然和河南安阳殷墟妇好墓出土的酷似。再说那件外方内圆的玉琮吧,居然和江苏武进寺墩遗址出土的、中原龙山文化出土的玉琮模样相同,而且金沙遗址还发现有十件玉琮。玉琮是古代礼器,是天命崇拜的证物。"琮的方圆表示地和天,中间的穿孔表示天地之间的沟通。从孔中穿过的棍子就是天地柱,在许多琮上有动物图像,表示巫师通过天地柱在动物的协助下沟通天地。因此,可以说琮是中国古代宇宙观与观天行为的象征物。"良渚地处环太湖流域，龙山在北方，与三星堆远隔千山万水，这种文化交流不仅源远流长而且地域辽阔。

三星堆的玉琮是本地制作，还是被不远万里带到了这里的？如系前者，将展露古蜀玉器令人惊叹的成就；如果属后者，带琮人是步行、坐船，还是骑牲口？展开想象就非常美妙了。这些玉器，为我们了解古蜀人的审美情趣、生活状况、精神崇尚提供丰富的资料。一个共有的文化认同，那就是在遥远古代，用玉的历程已从个别部落的行为，形成了在范围广大的中华疆域内的玉崇拜风气。一个伟大文明在范围广大的地区相互纠缠之中发展，各部族之间、各地之间不仅有刀光剑影，更有和谐融合，中国古玉的门类品种，已不是一时一地的行为，而是统属于全民族的习俗。

充满创意、极具内涵的玉琮中部圆孔内，可以看到环状切割的线条痕迹，这个直径好几厘米大的圆孔当是钻出来的，钻孔的猜想就很有趣了。钻孔离不开夹具、挖刀、割刀。孔的规整程度说明极可能是先钻一小孔，再用挖刀将其扩大，挖刀和琮应是固定的，否则钻孔就很难进行下去。一个朋友告诉我，早年他为做一个台灯，需在一块厚七毫米的玻璃上打一圆孔，他手上的工具只有手摇钻，步骤是先在玻璃上找到同心圆，然后用玻璃刀割出痕迹，再撒上金刚砂，用手摇钻对着磨，耗时六七个小时才将孔钻成。玉琮的圆孔很规整，挖刀和圆心也在一个同心圆上，不要觉得古人比现在的人笨，规整的圆孔显示他们已有熟练的技巧和得心应手的工具。三星堆的玉璧、玉瑗中间也有规整的圆孔，玉瑗靠近圆孔的边上还有一道鼓起的几毫米的棱，规整的圆孔和棱现代用车床和钻床来完成也殊非易事，古人又是如何打磨出来的？那柄黑色的玉牙璋也钻有小孔，而且带着规整的略带弧形的边。还有那串精致的玉珠串，由50多粒直径不到1厘米光亮圆润的玉珠组成，解说员说此珠串只有大巫师一类的人物才有资格佩戴，光润的玉珠打磨抛光、穿孔的过程肯定精巧无比。

祭祀耗用了大量人力财力，肯定也耗伤了国力，会不会因此导致了三星堆繁荣的衰落？燎祭的过程虽然神圣，当也是痛苦不堪的。眼睁睁看着玉器、金器、青铜器被狂舞的火舌吞噬，备受尊崇的玉璋、玉瑗、玉璧、玉斧，顷刻间在火中变了模样，玉牙璋烧裂了口，玉边璋烧得发白，有的器表发泡和翘卷变形，瑗和戚形方孔璧被烧残，难免不生痛惜之感。当火焰熄灭余温尚在，这些过火的宝物即被放入祭祀坑，盖上烧骨打碎的猪、山羊、水牛的肢骨和头骨，甚至有象的门齿、臼齿，另外还有少量骨渣经鉴定疑是人的头骨、四肢骨。后面这点无疑是恐怖残忍的，意味着采用了活人祭祀。骨渣之上覆以象牙，再铺上层层夯实的五花土，价值连城的珍宝连同它们的身世一道从此深埋地下。如此处理的动机，是权宜之计还是永远的深埋，已被岁月消解得杳如黄鹤。

身后之事总是难以逆料，藏宝的主人大概不会想到经过数千年的轮回,在20世纪80年代它们居然又重见天日。掀开重重叠叠的岁月,它们已成为稀世珍宝,而且丢失了解读的密码。玉历来就是贵重之物,"黄金有价玉无价",这批宝玉的主人想来想来并不是真的很开心,拥有之时得失之心便跟着来了,而且最终采取了弃埋。真正爱玉的人是制作者,他们是到玉石中去和玉石和自然对话,"劳动创造世界"。比如旧石器时代的砍削器逐步发展为石斧,最后变形为玉圭;"苍璧礼天"的玉璧,其形制来源于碾压谷物、中间可以穿木棒的石碾等器物;挂在胸前的玉串,缘于结绳记事。它们的价值不仅仅因历史久远和稀缺,更因为它们身上寄托了人生智慧、对万事万物的思考和自我映照。

字里乾坤

猴年的盛夏已到，87版《红楼梦》还未开启霸屏模式，近日，贾宝玉的扮演者欧阳奋强的微博却成为网络热点。事起因于他参观成都一会馆时，对馆藏一枚"蜀王玉玺"产生兴趣，并用红色印泥盖出字形。"宝哥哥"在微博上晒出了"蜀王玉玺"造型，上半部撞脸三星堆出土的青铜人头像。他说："蜀王玉玺上刻有'天地祖章'四字（应是象形文字），至今有4000多年历史。不是仿制品，是××会馆收藏的珍品。"随后，三星堆博物馆官博回复鉴宝结果："欧阳老师，古蜀文化没有印章也没有文字，这些人骗您呢。"有网友借《红楼梦》里的语言参加调侃："贾宝玉碰上了'假宝玉'"，"宝哥哥，这是传说中的补天神石么？""糊涂僧判糊涂案，贾宝玉抱'假宝玉'。"一时间很是热闹。剥开"热闹"的表象，显示出三星堆文化深入人心的巨大魅力，的确，古蜀文化存诸多待解之谜，三星堆究竟有没有文字？这事很能吸引人们的眼球和兴趣。

城市，青铜器，大型宗教祭祀场所和出现文字，是判定古代文明的要素。高度发达的三星堆文明前三者都不缺，唯独没有发现文字，会不会就像古印加文明一样，本来就没有文字？但兴旺繁荣了两千年的古城古国古文化，没有文字真说不过去，三星堆规模不小的古城、数量众多的用于祭祀的青铜器、玉器，说明协调与广泛交流已在所难免，全打哑语不可能做得如此出色，要广泛交流就必然会出现语言。有了语言，面对纷繁复杂的生产生活，需要记录的事情太多，仅凭结绳记事，大事系一个大结，小事系一个小结，或者在木头上刻记号，显然已远远不能满足需要。七情六欲使人具有丰富的情感，极易触景生情，记录下这些感动是人之常情，从几岁的小孩在墙壁上的涂鸦到大山巨石上留下的远古岩画，无不印证了人的这个天性。文字是记录语言的符号，语言之后，文字应运而生是有充分理由的。

抑或受限于发掘范围，三星堆的文字尚未发现？还是发生了另一种可能的情况，记录古蜀文字的载体，在长达数千年的时光中，腐烂于泥土中了。说到文字的载体，埃及有纸草，苏美尔人用过轻便、结实、易干的泥牌，中国商周时期使用过龟甲兽骨和青铜器。三星堆人是否使用了其他书写载体？加之四川盆地阴雨潮湿，地下埋藏数千年，早已化为乌有。还有一个情况，就是从三星堆已发现一些符号和图案来看，不排除文字业已现身，只是因为古蜀使用的并不是汉字系统；二则数量不多且缺乏连续性，无法释读，假以时日，随着地下文物的新发现，一定会出现让人惊喜的结果。

历史需要靠文字记忆，如果没有文字，历史就变成了传说。摩尔根的《古代社会》，提出了文明"始于标音字母的发明和文字的使用"，反映出文字的诞生，在人类文化发展史上里程碑般的重大意义。文字能极大拓展人类沟通思想、传递信息的空间，富于创造精神的三星堆人，起码应该具有文字的雏形。

中华文明有着丰富灿烂的史前文明，象形汉字的诞生和使用，整整影响了华夏数千年历史，秦灭巴蜀后，三星堆所在地广汉，使用汉字的历史已远在两千年以上，带着三星堆有无古蜀文字的困惑，不妨先从汉字寻根。

世界范围内，人类创造的文字不下千种，古汉字以其悠久的历史和系统性，媲美古巴比伦楔形文字、古埃及象形文字、古希腊腓尼基人创造的比布鲁斯字母、古印度的印章文字及玛雅文字。当许多民族尚在蒙昧阶段时，古汉字就已走向成熟。"仓颉造字"则是家喻户晓的故事。仓颉，姓侯刚，他担任黄帝的史官，名史皇，后人尊称为"仓圣"。传说中的仓颉器宇轩昂，比常人多了一对眼睛，因而智慧超群，过目不忘。睿智的四目仓颉遇事喜欢究天人之变，仰观天文，俯察地理，在掌中比画，他常常仔细观察乌龟背上的花纹，鸟类羽毛的纹彩，山川起伏的现象，日月星辰的走势，广泛收集世间众多美丽的图像，从世间万物千姿百态的形状中得到启示，他开始创造出一批原始的象形文字。时间一长，这些符号被远古先民逐步接受，悟出反复出现的象形符号和语言的对应关系，并有意识地加以使用，这些象形固定下来，文字也就发端了。

西安附近，至今存有仓颉造字台，地处八百里秦川的核心部位，南望秦岭高耸，东有浐灞两河滔滔奔流。史籍载，华夏先贤仓颉收集、整理各种岩画、陶文及契刻符号，并在此基础上，发明了方块象形文字——汉字。民间还有一种传说：仓颉在黄帝手下做官，分管牲口和粮食数目。仓颉聪明，做事又认真负责，他开始结绳记事，用不同的颜色，代表不同的牲口和粮食。然而，随着物产增加，结绳难以满足需要，仓颉又采用了贝壳记事。他的才干受到黄帝赏识，被封为史官，于是祭祀狩猎、人口增减、天灾人祸全归他管，贝壳记事又不够用了。仓颉冥思苦想，从"羊马蹄印"获得灵感，依据星宿分布、山川脉络、鸟兽痕迹、草木器具之形，描摹绘写出各自不同的记事符号，并配之每个符号代表的意义，他把这种符号叫作"字"。此后，他又通过形声、指事、会意等多种方式，利用已有的文字再造出新字，文字就像滚雪球似的愈滚愈多了。中华早期典籍《荀子·解蔽》载："好书者众矣，而仓颉独传者壹也。"《淮南子·本经训》云："仓颉作书而天雨粟，鬼夜哭。"创造文字，已成为惊天地、泣鬼神的重大事件，字里行间隐隐传出电闪雷鸣，仓颉造字成为贯穿中华文明史的英雄事件。

仓颉被赋予超常的智慧和百折不挠的精神，传其四目双瞳，是上古时代"四目神"的原形。小时候，听到四目双瞳确实难以理解，及至看到画像，四目并形，看一眼头就发晕，那里面聚集太多神气、仙气、灵气，要造字，只长两只眼肯定办不成。对于仓颉造字，汉纬书《春秋元命苞》载："仓颉其人生而能书，乃受河图录字……而造文字。""河图录字"即"河图洛书"，那就是说，仓颉的"创"是有"河图洛书"为本的，是在接受研究"河图洛书"的基础上创造文字的。时间没有穷尽，在中国还有比仓颉文更古老的文字，文字的诞生是多代积累集体智慧的结晶，华夏先贤仓颉是集大成者。

事实上，"河出图·洛出书"并非确指，古籍中，黄帝、尧、舜、禹、周武王皆有得到"河图洛书"的记载。黄帝得"河图洛书"的记述是："黄帝五十七年秋七月庚申，凤鸟到来，黄帝祭祀它于洛水，雾降下来，黄帝游于洛水上，见大鱼，杀五牲来祭祀它。天遇事下大雨，七日七夜，鱼流于海，于是得到了图书，龙图出于河水，龟书出于洛水，红色篆体文字，赠予轩辕黄帝。"所谓"龙图"，龙骨刻文也（龙在远古泛指，如牛、马等皆谓龙）。"龟书"者，龟甲刻书也。"图"与"书"带有上古文化典籍的意思。所谓"河图洛书"，会不会是最早的刻有文字的龙骨龟甲，后人发现时赋予

"河图洛书"之美名？

说到"洛书"，还有一个地理上与三星堆的有趣连接，有学者认为"洛书"（古籍中也多记为'雒书'），是《山海经》中记载的出自岷山昆仑的"洛水"所出，即："岷山之首，曰女几之山，洛水出焉，东注于江。"这条"洛水"自岷山昆仑而降，流贯成都平原（都广之野），"洛"通"雒"，流经三星堆和广汉城的鸭子河恰好古称"雒水"，傍河而建的广汉城从秦汉至今都叫"雒城"，还流传有一则美丽动人的故事叫"汉州洛水照连山"，说的是雒城边上的洛水，能映照出三十里外连山的即时情景。这种有趣联系意蕴非凡，隐隐透露出许多玄妙神奇的信息，不仅和中原的洛水重名，而且和连山易沾上了关系。广汉县域东北的浅丘就名连山，连山的得名有多种说法，当地人认为和已失传的《连山易》有关。据说，很早很早以前，汉州东岭有一座山峰名奶子山，因山脊耸立一排排黑色的巨石，远看类似链条，故又称链子山。后来有一位易学高人来此地隐居，发现周围八八六十四座山岗，好似龙盘虎踞，山形气场绝佳，有意将"链"字的金旁取掉，改名连山。《周礼》云："太卜掌三易之法，一曰连山易，二曰归藏，三曰周易。其经卦皆八，其别皆六十有四。"连山易，尽管历代典籍鲜有记载，但学界多以为，连山易是以艮卦开始，如山之连绵，故名连山易。东汉学儒郑玄认为："连山易者，象山之出云，连连不绝。"山连山，山水相连，文化相连，一直连接到远古中华文化的源头。

中国还有几处叫作连山的地方，地名重名现象，有学者研究与远古人类迁徙有关。人口增长了，必须寻找新的生存地，就像古羌人，一部分人去了中原，一部分南下入蜀。迁徙的古人怀念故土，常常以故地之名命名新地，于是黄河流域有了洛水，蜀地也有了洛水，广汉有了"洛水照连山"的传说。

对中国早期的文字甲骨文，领导殷墟发掘的李济先生有一段精彩论述："这些文字有许多是高度发展的，它们出现在卜骨上时必然已经过相当时期的演变，问题在于演变是在哪里发生的？"此推断恰好从一个侧面与"河图洛书"的传说相吻合。枯燥的知识和经验，一旦被文字的创造力激活，它的巨大影响力就会生生不息。殷商甲骨文的字数已超过4000个，文字系统已相当发达，且具备了"六书"。斗转星移，世界许多古老文字或湮没，或进了博物馆，唯有汉字在华北得到完善后，它强势向四周流传，制止了其他不成熟的书写系统的发展或取而代之，在历史长河中不断充实发展，以其强大生命力立于世界文字之林。汉字象形表意，方方正正，变化无穷，显示了中华民族杰出的文明传统和感知世界的方式，每个字的形、音、义都与中国文化紧密相关，它的诞生、演变和发展，对中华的传承和发展发挥了无法估量的作用。

方块汉字以其巨大的凝聚力，形成浩如烟海的文化典籍，至今仍是中华文化的脊梁。中华文化脱胎于汉字，中华文化因汉字而生生不息,汉字深刻记录了几千年华夏文明史,社会进步生产发展的实证、中华影响世界的科技工艺、完备深刻的伦理道德、充满智慧的哲学宗教、精彩纷呈的文学艺术无不在其记录之中。

汉字还借助书法艺术,用毛笔书写在宣纸上,或刻石以记,真草隶篆洋洋大观,或棱角分明、浪漫恣肆,或珠圆玉润、浑厚古朴,穷尽笔画的长短、疏密、粗细、曲直之奥妙,诗情画意尽纳其中,独树一帜地成为价值极高的艺术品。

世所公认的殷商甲骨文,早在3400年前,就已显示出书法篆刻的卓越成就。在商之前,还有三皇五帝,还有夏禹治水定九州。治水促进了农耕和青铜冶铸技术的广泛运用,完成了从渔猎到粗耕农业的过渡,带来了中国农业文明的早期辉煌。夏代已有历法,一直沿用到汉初的颛顼历,据说就是夏代的历法《夏小正》。当代天文学家考定,《夏小正》中所记的每月星象,是距今3800年-5800年前的天象,和夏代的时间相吻合。《夏小正》以正月为岁首,应是进入农耕之历法。六世夏王少康发明了酿酒术。夏代制陶启用轮盘成批生产的粗绳纹陶器代替了手捏而成的篮纹、方格纹陶器。夏朝历经十四代十七王,诸多辉煌的成就,岂能没有文字?从仓颉造字到殷商甲骨文尚有1600年缺口,其间还真留有不少需发现证实的宝藏。

关于蝌蚪文,明洪武九年刊行的陶宗仪《书史会要》中有一段颇有意思的叙述:在禹前伏羲作"龙书",炎帝作"穗书",黄帝作"云书"。"五帝"时代,少昊金天氏曾作过"鸾凤书",颛顼高阳氏曾作过"蝌蚪书"。将"蝌蚪书"的源起指向了三皇五帝的颛顼。在世系上,大禹和古蜀皆是颛顼系的子孙,这"蝌蚪书"也就与禹夏和古蜀都有关了。

载有"蝌蚪书"的《竹书纪年》发现于战国墓葬中,说明它在中原有过使用发展,停止使用的时间,大胆猜想一下,是否与夏商的换代有关?《竹书纪年》是否与夏文化关联?据传《竹书纪年》发现于晋武帝太康二年(公元281年),系汲郡人不准盗发魏襄王墓(或言魏安厘王墓),出竹书数十车,上有漆写的文字,字形头粗尾细,被称为蝌蚪文。很有意思的是,老态高古迷离蒙墨的岣嵝碑(又称禹王碑),碑上的文字也叫"蝌蚪文"。悠悠蝌蚪文,穿越数千年的时光隧道,将奇迹摆在了世人面前。岣嵝碑原刻在湖南衡山云密峰(别名岣嵝峰),传说大禹在那里得到治水的金简玉书。"河图命庖,洛书赐禹"是中华远古一个标志性文化事件。《拾遗记》载:鲧因治水无功,"自沉羽渊,化为玄鱼,横修波之上,见者谓之'河精'"。神龟是河精的使者,它将含有治水秘诀的洛书献出来,禹得书而治水功成。中唐刘禹锡和韩愈皆留下吟咏的诗篇,刘诗云:"传闻祝融峰,上有神禹铭,古石琅玕姿,秘文龙虎形。"韩愈的《岣嵝碑》云:"岣嵝山尖神禹碑,字青石赤形模奇。科斗拳身薤倒披,鸾飘凤泊拏虎螭。事严迹密鬼莫窥,道人独上偶见之。我来谘嗟涕涟洏,千搜万索何所有?森森绿树猿猱悲！"虽然刘、韩寻碑未得，韩诗对岣嵝碑石头的颜色、字的形状已有细致的描摹。之后，南宋人何致找到了藏碑之所，他手摩碑文，刻之于石，碑文共77字，9行，第一行至第八行每行9字，最末一行5字。既不同于甲骨和钟鼎文，也不同于籀文。此后有杨慎等一些学者对碑文进行过解读，认作是记录夏禹治水的功劳。此碑文先后见于四川成都、北川、什邡、都江堰、云南昆明、江苏栖霞、山东黄县、河南汲县、陕西西安等多处，以四川最多，有学者认为是巴蜀文字遗存。

在汶川石纽山也曾发现岣嵝碑残石，相传并非来自传刻，"5·12"汶川大地震前尚见其湮没只剩二十来字的图片。这通夏禹古碑，上存蝌蚪文通过破译，有"归妹西行，后且大昌"的另一个版本的释读。"归妹西行"联系着远古一次至关重要的占卜，一个称为"归妹"的女子擅自决定西行，后来逐渐繁衍生息成为大族。有名的史官及巫师有黄解释："吉。翩翩归妹，独将西行，逢天晦芒，毋惊毋恐，后且大昌。"这段卜辞记录了上古人类为了生存和发展，不仅有东行，也有西行。商、周之世，西边有"鬼方""鬼族"，鬼、归同音，"鬼族"会不会与归妹有渊源？

我喜欢在三星堆遗址区的田间闲走，与其说漫步于乡野，不如说游弋于自己的过往，仰望蓝天上飞过的雀鸟，远观袅袅升起的炊烟，这是一种绝对惊艳的深邃意境，不知哪一脚就与古蜀先民踩在同一块土石上。这片原野位于成都平原，天晴的时候，西北边可以看到九峰山、莹华山的雪帽，那里山高坡陡、森林密布、泉水叮咚，鸭子河就是从那片山岭中流出来的，那片大山之中，就有太史公司马迁记载的"禹生西羌"之处。李学勤说，昌意到颛顼这一系出于今四川，并不是蜀人独有的说法，而是古代公认的传说。以二里头为代表的夏文化和三星堆的古蜀文化的确有很多相似性。碳素测定，两者时间相近，再者包括铜牌、牙璋、陶豆、陶盉等多种器物相似。禹为姒姓，姒的篆文颇像"蛇身自环"，蛇为夏后氏民族图腾，就文字本义而言，禹确为龙蛇之类。由此观之，三星堆的青铜玉石造像中，龙蛇频频出现，就很有些意思了。闻一多和童书业曾证论蜀王"杜宇"即"杜禹"，而"鳖灵"即"鲧"，这个论断也将蜀、夏视为同源。从现在了解到的情况看，当时的统治者无论是举行祭祀管理国家，还是进行大规模的建设或开展商贸活动，都离不开语言的沟通协调，需要有条理地进行记录。上述蝌蚪文及古蜀文字的这些渊源，指向了三星堆应该有文字的推测，这一点或许有益于填补中国文字发展史上1600年的一些空缺。

　　世界上，大凡奇迹的诞生，都离不开独特的地理环境，尤其是人文精神的烛照。各种岩画符号、陶文符号和契刻符号的出现，是文字的诞生的前提。近年来，中国早期陶器上发现的刻画符号数量不小，也有龟甲、石头上刻画的，在仰韶文化、龙山文化、大汶口文化、良渚文化等范围广大的地区均有发现，不仅黄河流域有、长江流域有，东北也有，引起了学者们的重视。古蜀有龟卜之俗，金沙遗址出土有占卜的体形很大的龟甲。《蜀王本纪》载：秦相张仪筑成都城也与神龟有关，起初屡屡失败，后来跟着一只龟绕圈行走就成功了。如此崇拜神龟，取灵龟之甲卜筮以祭是不可或缺的。灵龟避开洪水，选择向阳高地筑巢产卵，依龟筑城还有一定科学道理。

三星堆展出了陶器上的7个刻画符号，如果加上祀山璋两山中的那个船形符号，就是8个。这种反复出现的符号，其中必定暗藏玄机，有学者研究它们与水利有关。其中4个符号，颇与拉丁字母——APSX相似；有彝族学者撰文称，有两个符号与古彝文的符号一致；其中陶豆上一个状若眼形的符号与二里头的这种符号一致。这些联系为古蜀文字留下扑朔迷离的探究路径。说不准，三星堆陶器上的符号就是个标记，标明哪件陶器是奉献给某君王或首领的特制品，标记符号反复出现或许就有了读音，约定俗成成为早期的文字。

《华阳国志》是认为古蜀有文字的，书中载："有周之世，限以秦、巴，虽奉王职，不得与春秋盟会，君长莫同书轨。""莫同书轨"含有另一套书写系统的含义。在古蜀范围的新都、郫县、峨眉等地均发现铜戈上的铭文，时间比三星堆晚些，这些零星发现的铭文不同于汉字。1972年在郫县发现的铜戈（V-2戈），上面铸有一行漂亮的铭文和一组巴蜀符号。以后这种铜戈在万县、什邡又有所发现。这些铜戈上的铭文笔画少而简，字符化程度高，大小均匀，排列整齐，字体精美。显然已脱离原始的象形字笔画多而繁，大小不匀，字体古朴笨拙不够美观的草创阶段，显示出系统成熟的风貌。这种文字结构上是直行而非横行书写，是方块字而不是拼音文字，它与汉字一样，应属于表意文字的范围，李学勤先生曾将巴蜀地区流行的这种似汉字而又非汉字的方块字，分为甲乙两种，认为都是文字，并且提出巴蜀文字既有表音符号，又有表意符号的见解。

《华阳国志》中"蜀左言"的记载包含深义，左言就是不同，意思相反，就像唱歌音不准，被称为"左喉咙"。研究者发现，古蜀语孑遗与彝语都有倒置语，就是宾语在谓语之前，形容词、指示代词、数词作定语时在中心词之后。如"姑娘穿红色的裙子"，说成"姑娘裙子红色的穿"；"吃甜蜜的桃子"，说成"桃子甜蜜的吃"。蜀史中的"蚕丛"实际就是"丛蚕"，"都广"就是"广都"，又如蜀王作《陇归之曲》，"陇"与"垅"通，垅的词义是田间高处，代指坟地，"陇归"就是"归陇"，是悼念妃子归于泉下的意思。三星堆一带至今仍将"公鸡"称作"鸡公"，"母鸡"称为"鸡母"，马牧河的"马牧"即"牧马"，只要一顺过来，意思一下就豁然开朗。

另在巴蜀的铜器上，曾多次发现一些俗称为花蒂、手心、人头、虎、鸟、蝉之类的符号，不同的形体有上百个，有的在巴蜀铜戈上和文字并立。王家佑先生从战国至西汉的文物上辑录了150余种图像符号，后被称作"巴蜀图语"，它流行于开明王朝时朝，功用大致有三：巴蜀古族用来记录语言的工具；族徽；图腾或宗教符号。有学者研究认为，它们具有看图传语的功能，并与夏有关，是夏人先祖西陵氏文化。还有学者认为青铜大立人和铜铃上都刻有"风"姓氏的"风"字。从三星堆陶器上的刻画符号联系"巴蜀图语"，同一种符号出现在不同的器物上，表明其态体及含义已基本固定化。

有学者称，蜀地发现的古文字笔画多纤细而弯曲，蜀地多竹，有以竹尖为笔在泥片和泥砖上刻画，然后烧制的可能。这些刻字和两河文明的楔形文字颇多相似，苏尔美人也用泥板刻字。这种砖上刻文的遗风保留到东汉，形成蔚为大观的四川汉代画像砖，再往后发展就联系到篆刻印章了。古蜀文字虽说扑朔迷离，在这些大家的研究中已露出冰山一角，巴蜀地区发现的这种文字，至迟在春秋战国时期应还存在。

当然话说回来，文字是记录语言的符号，图画与文字有本质的区别，三星堆陶器上的刻画符号基本上单个存在，还不能表达语言。古蜀文字尚存诸多缺憾，留下的东西太少，离解读相去甚远。这些缺憾却带来很多兴奋点，带来思考和探索的广阔空间，这些符号是培育文字的沃土，保存着古蜀先民最隐讳的奥秘。

秦灭蜀后，"迁秦人万家实之，民始能秦言"（见《蜀中广记》）。以一家五口算，移民起码在五万人以上，规模可谓空前。战争导致蜀地人口锐减，为了巩固统治，进行大规模移民，势所必然。加上秦朝的"书同轨"和秦始皇的"焚书坑儒"，使古蜀语言文字出现断层，其中或许藏有古蜀文字消亡的一些线索。秦灭巴蜀在公元前316年，比秦朝建立早近百年，文化统一应早已在巴蜀地区进行。涪陵小田溪三号墓曾出土一柄秦始皇二十六年蜀郡造的铜戈，戈上铭文是秦篆，已经不是万县和郫县出土铜戈上使用的那种文字，反映出在巴蜀地区，秦篆已取代了原巴蜀文字。

巴蜀与中原有着长期相互交流的过程，其中包括语言。史料中亦有古蜀和中原地区"言语颇与华同"的记载。古蜀精美的漆器曾大量外销，春秋战国时的四川荥经、青川等地，出土不少标有烙印戳记的漆器，漆器上的铭刻文字，使用的不是古蜀文化区的"巴蜀文字"，却是中原文字。王国维先生曾考证，小篆出于秦大篆，大篆即籀文，籀文为上古使用的文字。那么，李斯所依据省略修改的秦大篆是秦固有的还是来自其他地方？蒙文通先生认为，就文明方面来说，"是先出现于蜀，而后来才渐次影响于秦"。40岁才到长安的扬雄，他著"训篆"和"方言"，得益于巴蜀本来的深厚文化底蕴。那么就存在秦灭巴蜀后，大篆有由盆地输入秦国的可能。

蝌蚪文和古蜀文字里藏着远古遗失的文化风景，四川盆地还留有伟大先民更古老珍贵的文化宝藏。当年甲骨文的发现和考释，揭开了商王朝之秘，弄清了商王朝的世系，证实了《史记·殷本纪》和河南安阳小屯就是商王盘庚迁殷的都城，一下将中国的信史提前到距今3400年，并得到世界公认。由彼及此，人们免不了对蝌蚪文和古蜀文字揭开神秘面纱寄于深深的期许。在古意盎然的文字里寻寻觅觅有种幸福感，它实在的好处，比人想象的要大得多。和古人会面，让心灵震撼，时空定格在字里行间，远去的还会走近吗？古老的记忆还能拾起吗？犹如打开一本自己喜欢的书，远古的气息扑面而来。

长江文明的晨曲

100多年前,孙中山就任临时大总统曾通电全国,沿用《史记》的观点,将黄帝纪元4609年定为民国元年,中华文明"上下五千年"的说法从此发端。那时,用碳14同位素测定年代的方法尚未发明,我国考古工作尚未起步,当时的"上下五千年"难免有局限。在今天,随着现代科学和中国考古事业突飞猛进的发展,已将中华文明指向了远比5000年更久远的年代。

任何一个民族,历史总会比传说还要久远,发展到今天,必然经历过无数次的分合交融,更何况是拥有13亿的中国人。大河上下、塞北江南,中华大地越来越多的古文化遗址群星璀璨。仰韶文化、二里头文化、红山文化、龙山文化、良渚文化等,时间都远在5000年前。更有甚者,广西发现了远在1.2万年至1.3万年前的古陶器,河南舞阳出土了9000年前的笛子,居然可以演奏现代乐曲……现代考古有如一支强有力的大手,描绘出中华文明悠久灿烂的远古图画。

在这些惊人的发现中,古代长江文明也风姿卓然。巫山猿人在204万年前就聆听着两岸的猿啼开启了文明的曙光,在南方温暖丰饶的大地上,建始人200万年前就度过了金色的童年,依次而下,170万年前的元谋猿人、2万年前的资阳人、9000年前的三峡人薪火相传地递进着文明。这些人类活动圣迹起伏,在长江水系的巨大摇篮里,兴亡盛衰,生存发展,一幕幕惊心动魄的历史壮丽无比。信手拈来,湖南澧县彭头山和浙江余姚河姆渡相继发现人工栽培稻,前者距今8000年,后者距今7000年,堪称迄今为止世界上最早的种稻记录;良渚文化美轮美奂的玉器在苏、浙、沪、蜀等地均有发现,表明了在如此广大的区域在远古就有文化交流;近现代在鄂、赣、皖发现的近百处商周时期的矿冶遗址,展示出金属冶炼的巨大成果;楚墓出土的大批青铜器均属世界级珍品,漆器、纺织品已达较高水平;蜀地的三星堆也不甘落后,奉献出我国最早的青铜雕像群。众多的考古发现和研究成果,使长江流域几个大的文明块逐渐明晰,上游的滇黔和巴蜀文化,中游的荆楚文化,下游的吴越文化群星璀璨。茫茫九派中国的长江用健美的臂膀挽起高山大海,流动的是光耀古今的文明硕果。长江文明比肩黄河文明成为中华文明中最具代表性和影响力的主体文化。

长江文明的悠久在史籍中也不乏记载,在"炎黄子孙""华夏儿女"的称谓中,炎即炎帝神农氏,炎帝牛首人身,姜姓,为黄帝同母"兄",在黄帝部之前率先东进中原,后来被黄帝部取代,逃到南方,其部蚩尤一支成为苗族的先祖,在湖南醴陵至今存有最著名的炎帝陵。黄帝则与古蜀有深厚的渊源,《史记·五帝本纪》和《山海经·海内经》中的记载:黄帝正妃嫘祖是西陵氏女,据考证西陵为四川盐亭,盐亭地处龙门山南麓,东有古称西汉水的嘉陵江,北有连绵不断的丘陵,所以叫西陵国,距三星堆遗址仅100多公里。黄帝的儿子昌意,降居若水。昌意娶于蜀山氏女,曰昌濮,生高阳,就是颛顼帝。蜀山指岷山地区,若水即雅砻江。那就是说黄帝与其子昌意均与蜀族开亲,颛顼帝的母家也是蜀族。对古代典籍称蜀人"相承云黄帝后世子孙",就不足为奇了。

而"夏"即大禹开启的夏朝。中华上古诸先帝先祖们的身世,唯有禹的族属生地记载最明确,禹生于西羌。四川的汶川、北川两地均有石纽剖儿坪的遗迹。位于岷山东麓的北川禹王沟,有巨石纽结如女阴,石上刻"石纽"二字,相传为汉代扬雄手笔。禹王沟极为逼狭,一溪淙淙而下,溪中产有一种表面鲜红的"血石",传为禹母产禹时鲜血染成,远近之名视为灵物,采回供奉以乞大禹母子灵佑,山麓一悬泉飞漱两穴小潭中,名唤"洗儿池",传为禹母洗儿之处,溯溪而上,山原即北川剖儿坪。"大禹出于西羌"之说始于先秦,这个观点,很早就被记入《山海经》中。司马迁将其记入了《史记·六国年表》:"夫作事者必于东南,收功实者常于西北,故禹兴于西羌。"

大禹的勋迹家喻户晓。"羌"是一个非常古老的民族，羌人应是最先驯化野羊的民族，"羌"字被释为"羊之子或牧羊人"。《山海经》载：华西崇吾之山到翼望之山间数千里地域中，"其神皆羊首人身"，正说明诸羌以羊为总图腾。这一原始观念在氐羌文化、华夏文化中影响极为深远。

岷山地区即羌人活动的重要区域。据《山海经》中的记载，古巴蜀西部的大山都称作"岷"山（西山皆岷），也即中华发祥史上的圣山昆仑。因而在古代很长一段时间，岷江被认作长江的源头。《山海经·中次九经》："岷山，江水出焉，东流注于海。""江水"就是指的长江。《禹贡》也有相同的记载："岷山导江，东别为沱。"一直到郦道元的《水经注》，仍然说："岷山在蜀郡氐道县，大江所出，东南过其县北。"

在中华大地上，以黄河、长江为中心的两大文明，开始各自发展，然后逐渐融合形成中华文明。炎黄华夏，"黄与华"与北方关系密切，而"炎与禹"则与南方联系较多。其实稍加思索就不难发现，长江、黄河分别代表南北，历来就是二元耦合的，在人们习惯性称谓中，经学分南学和北学、禅宗分北宗和南宗，戏曲、书画皆分南北，甚至连拳术也称北拳和南拳。两大文明浓缩了莽莽神州太多的记忆，二者不仅在营造城池、建立国家、精神和文化层面上诸多相似，而且在从猿到人的进化，生产资料从石器、陶器发展到铜器、铁器，乃至高分子材料、合成材料上皆相互影响和诸多相似。只是由于纬度高低导致气候差异，地势平坦些的北方显得稍冷干燥一些；河流湖泊众多的南方，则温热潮湿一些。这些地理差异，形成生物种群的不同，也导致南北华夏先民对野生植物利用的不同。华北最早的作物是两种耐旱的黍子，20世纪70年代以来，河北的磁山遗址发现88个粮食窖穴，储存大约5万公斤黍子和粟，同时在遗址内发现大量石质斧、镰、铲、刀等农业生产工具和磨盘、磨棒等粮食加工工具，以及鸡、猪、狗、羊、鹿、牛等23种动物骨骸，经鉴定时间在1万年前，堪称世界上粟、黍的发祥地。黄河流域农耕文明的优秀高明，令人惊叹！平坦的地势，培养出北方先民们擅长造车的技术。相比之下，南方则显示出稻种文化和更善于造船的特点。华南开始驯化水稻可以追溯到新石器时代，迄今我国发现的含人工栽培稻的60处文化遗存，有95%在长江流域。水乡特色促使南方很早就开始造船，河姆渡发现了7000年前的木桨，说明那时船已驶进了日常生活。而且有一种探索性的研究认为：四五千年前，越人的船队就曾历经艰险到达过太平洋各岛乃至南、北美洲，如果这项探索成立，那可是上古辉煌航海事业的鼻祖！

　　还有一个地理特征是中国东西部之间的广阔地带地形相对平缓，横贯西东的长江黄河大动脉起了纽带作用，它既不像非洲和墨西哥北部被沙漠阻隔，也不像中美洲那样被狭窄的地峡隔开，为往来提供了条件，于是在中华大地上很早就开始了南北文化交流，东西之间的农作物和技术的传播交流的范围之大、时间之长也世所罕见。

从历史上看，中国多数新事物是由北向南传播的，但也有两个重要的例外，就是冶铁技术和水稻栽培是由南向北传播的。所有这些促成了莽莽神州很早就有了文化和政治统一的因素，黄河长江联袂创造了灿烂悠久的中华文明。

炎帝被黄帝击败后徙于南方，炎帝一支蚩尤部纠合百蛮九黎族反攻黄帝部，号称81个部铜头铁额的兄弟。在5000年前河北涿鹿那场弥天大雾中，发生过一场惊心动魄的大战。最后黄帝发明了指南车，驱散大雾，杀了蚩尤。蚩尤虽相貌狰狞，但勇武超群，铜头铁额的形象留了下来，黄帝叫人画下他以威震天下，连元妃嫘祖去世，黄帝也让人装扮成蚩尤的模样，担负守灵防夜的任务。后来蚩尤形象综合九黎部落诸多图腾形成了流传至今的饕餮形象。漫长的时间消弭了仇恨和胜败荣辱，当石头风化成粉末，当骨肉化作了黄土，以征战杀伐开始的战争，却结出了民族和文化的融合和发展的硕果。

作为中华最伟大的火神、粗耕农业和医药学的创始者炎帝，人们并未因他败于黄帝而忘怀或不敬，仍将炎黄二帝奉为最伟大的先祖。至今，在河北涿鹿三祖堂中，黄帝、炎帝、蚩尤三位中华先祖就并坐神坛上，共同接受一代代中华儿女的朝拜。

战败的蚩尤族余部只有选择向更南方迁徙，所以现在生活在南方的苗族、黎族都自称是蚩尤的后裔。有专家分析，良渚文化的主人就是蚩尤一族，它距今5000年，处于新石器时代，已具备了国家的早期形态。古代最伟大战神蚩尤铜头铁额，很可能是指带着铜、铁面具，显示出蚩尤部已有了冶铁技术。人类使用面具的时间很早，世界上多数民族都曾使用过面具。早期的面具基本上是娱神的，地位极高，被认为有特异功能，祭祀征战杀伐时带上，期望能得到神力保佑获胜。由此联想到三星堆100多件青铜面具和6件青铜头像的金面罩，使我们依稀窥见蚩尤将士们勇武的特色。更远距离的联系是：三星堆金光闪闪的金面具媲美于同时代的古埃及、古巴比伦金面具。2001年，中国和埃及联合发行了一套两枚纪念邮票，选的就是三星堆金面罩和埃及图坦卡蒙王陵金面罩。方寸之间，古蜀和北非文化灿烂对接，昭示了人们对这一遥远关联的期许。

岷峨毓秀，200万年前的"巫山猿人"显示出古巴蜀地区很早就是人类繁衍生息的乐园。以"三星堆""金沙"为代表的青铜文明，更是唱响了远古的长江文明晨曲。这片沃野悠久的文化和丰富的物产，哺育出一代代文化名贤和"蜀学"精英，信仰和精诚营造了"文章冠天下"以及"易学在蜀""天数在蜀"等一个个文化奇观，丰富了祖国的文化宝库。

在这个文明大舞台上，三星堆是一个点，代表了古代长江文明一个地域一个时段的文化高度。它的出现是一个契机，两个祭祀坑奉献给后人一个完整的体系，把当时最高层面的东西保留下来了。文明的发展需要若干小系统的滋养，三星堆众多的礼器反映出万物有灵的精神乃至宗教层面的东西，是一个文化最极致的东西，不仅仅体现在制度、在生产力方面，而且体现在社会关系层面。古人敬畏天地万物，留给现代人一些很有益的启示。什么叫文明？文明就是不断从野蛮走向不野蛮。不野蛮是什么？不仅善待他人，也要善待万物万类。人们有理由相信，之前还应有其他文化活动的高峰，找到它还需要探寻和等待。

历史的发展是互为因果的，三星堆的发现，提供了一个重新审视长江上游古代文明的视角。为充分揭示早期中华文明的丰富内涵和辉煌成就，解答中华文明形成的时间、地域、过程、原因和机制等基本问题。2001年，在中国科技部和国家文物局等部委的组织实施下，多学科联合启动了"中华文明探源工程"，彰显出它在社会主义文化大繁荣、大发展中不可替代的作用。

即便是小系统的文明也弥足珍贵。三星堆博物馆和金沙博物馆相继开放，其价值是难以估量的！它们帮助我们深入到开发天府那个原点，让人们记住那个发轫的年代，感悟先民们曾有过的激情和梦想。多一次接触，就多一份精神交流，对文物多一份认识和喜爱，就增加一份民族自豪感和凝聚力。

我对1997年10月26日盛况空前的开馆仪式记忆犹新，那天碧空如洗艳阳高照，参加第五届中国艺术节的嘉宾学者云集，举行了有上万人参加的隆重庆祝，祭祀台上旗幡飘扬，大型三星堆祭祀乐舞演绎着古蜀人的辉煌和梦想。开馆后，新闻媒体频频聚焦，专家学者熙熙攘攘，四海游客纷至沓来，博物馆以其丰厚的文化内涵蜚声海内外。

三星堆博大精深的"古城古国古蜀文化"，开馆当年，就获得了1997年度全国文物系统"十大陈列展览精品"的殊荣，十几年来，一个呱呱坠地的婴儿成了翩翩少年，博物馆现已成为亚太地区首家通过"绿色环球21"与"ISO9001：2000"双项国际认证的博物馆，被评选为"中国最值得外国人去的50个地方之一"，先后成为省市爱国主义教育基地、科普教育基地、文明服务示范窗口、中国旅游业优先发展项目、四川"三大"国际旅游品牌形象之一。

2009年，博物馆荣膺国家首批遗址公园的殊荣，茵茵碧草绿树红花，环护着博物馆园林似的600亩土地。经过灾后重建的博物馆更是焕然一新，拥有14000平方米建筑面积，12000平方米展厅，1800米长的展线，具备了历史博览、学术研究、科普教育、园林景观、休闲娱乐等多种功能。展厅内雅洁整肃，图文并茂的展墙，玻璃合金展柜中炫目的灯光，将一组组排列有序的精美文物清晰展现，尽显古蜀先祖开发天府的神韵。

时光带走了许多东西，却留下了许多难忘的记忆。当初为了宣传三星堆，博物馆建设者们甚至在北京六铺坑办过一家餐馆，取名"三星堆饭庄"，而且办了整整6年。当博物馆筹建任务下达时，仅有400万元启动资金。而建馆必须实行"高起点、高品位、高投入"，凭一个县级市的财力真是进退两难。是古代长江文明给了建设者们巨大的精神动力量，鼓舞人心的共识是：三星堆一醒惊天下，是长江流域早期文化的杰出代表；把博物馆建成有旅游价值的公园，成功就有把握；而且在遗址上建馆的巨大价值具有不可替代性。正是在这种共识的鼓舞下，四川省文化厅伸出了援手，国家文物局同意解决300万元，四川省同意解决200万元，省计委同意解决100万元，广汉自筹200万元，国家计委也同意拨款支持三星堆博物馆的建设。国家文物局还特开先例，决定将三星堆文物赴日本展出的收入1亿日元（当时折合人民币800万元）全部交地方作为三星堆博物馆的修建经费。感恩三星堆的古老辉煌，感谢各上级部门的扶持，建馆有了转机。

　　1992年4月，博物馆筹备处乘势筹办了首届"三星堆国际学术研讨会"。收到国内外专家学者论文100余篇。与会专家、学者180余人多学科综合研讨了广泛的学术课题，会后，编辑出版了三星堆国际学术研讨会论文集——《三星堆与巴蜀文化》。之后又陆续举办了5次大型国际学术会，编纂了学术丛书《三星堆研究》，系统收录了田野资料，荟萃了研究成果。这些学术研究成果，为三星堆遗址的保护利用提供了有力的科学支撑。1992年，在古汉州八景之一的"三星伴月"这个地方，三星堆博物馆破土动工了，历经5年而建成。

西岭逶逶以蔚霞,鸿雁翩翩翔江渚。月亮湾一弯新月,阅尽古蜀春色;三星堆三颗金星,演奏天府神曲。当鲜艳的红日绕过千年神树,被岁月风沙填满皱纹的青铜纵目无言如石,从远古走来的三星堆,如今已接待游客近亿人次。从三星堆文物1998年赴日本展出获得巨大成功开始,1999年4月赴"台北故宫博物院"展出,轰动了台湾。如今已先后在英、美等26个国家和港澳地区展出,好评如潮。

广汉籍诗人覃子豪有句名言:"大海中的落日,悲壮得像英雄的感叹。"古蜀一代代开发天府的祖先,不正是在这片沃土上留下了英雄的感叹吗?这里曾点燃开发天府第一个梦幻,几千年前的田舍也环抱茂林修竹吗?那时的水稻会不会也杂生稗草?干栏式的茅草房之间可否鸡犬之声相闻?

三星堆依傍着鸭子河,古称洛水的鸭子河在金堂汇入沱江,沱江在宜宾汇入长江。"大江东去,浪淘尽,千古风流人物",长江有一种深广得无法比拟的惊世豪放。6380公里长的大江牵手700多条支流,河网布满中国南方广阔的大地,她养育了中国三分之一的人口,创造了中国三分之一的财富。长江儿女栽种水稻,造船航海打鱼,早晨读《离骚》,下午背宋词,宣纸上泼墨,瓷器上绘画,在江南的雨巷徘徊,用钟声温暖寒江渔火,茶香饱醮秀色,醇酒醉了陆游李白。近代的长江流域在中华民族现代文化自觉的进程中更是功勋卓著:中国共产党创立于上海,党的几代主要领导人多数来自长江流域,她是民主革命早期的根据地和重大革命活动主要集中地。长江流域近20年来更是突飞猛进：天路让火车飞驰于世界屋脊；"高峡出平湖"，三峡建成了世界最大的水利枢纽工程；浦东开发，长三角的崛起；世界级南水北调工程全面启动，长江流域正在成为中国乃至世界最宽广、最有发展潜力的经济带，长江朝气蓬勃展现出赫赫煌煌的气势。回望这些杰出成就让三星堆倍感自豪，虽然三星堆只是一个点，但这个点联系着长江文明的原点。是长江的甘露滋润了这一方沃土，留下了"百谷自生，冬夏播琴"的人间仙境般的记忆，留下了她童年的艰辛和辉煌，古蜀先民谱写了千秋史话，用生命的豪放留下了文明的华章。

怀着战栗的敬畏仰望长江文明，云在天上飘，江河万古流。中华文明发展到秦代，或许可以讲统一为秦文化，秦文化融入有巴蜀文化，由于这个统一短暂，秦文化没有得到充分的发展。秦被汉取代，刘邦来自楚地，支撑汉朝的是以楚文化为主体的汉文化，随着它的急剧发展，长江文明应是深刻地影响到中华文明。在汉代，中国的三大宗教，北方的儒教，南方的道教、外来的佛教，也是不约而同地全面深刻影响中国人的生活和精神世界。

魏晋南北朝时期，民族、宗教、文化进一步大融合。带着众星捧月的视角，从上海沿江汉平原溯流而上，登上各拉丹冬雪山，我们会看到中华文明的多个源头，不仅有滔滔黄河奔流到海，有滚滚长江的"大江东去"，有澜沧江惊涛南下，还有黑龙江、珠江的滚滚浪花……江河湖海千姿百态。历史是那样气象万千，人类并非如西方学者所言全部起源于东非峡谷。当然，中华文明的组成还包括一些草原文明和山地文明，每个文化圈各有自己的特性，互相碰撞、排斥、融合，引导人类社会不断前进。无数灾难无数挫败无数忍耐无数期待，长江的惊涛拍岸，汇入中华文明的大潮，涛声回荡在天外。

以一种庄严的敬畏走进三星堆，进一步跟随鸭子河走向长江，就惊奇发现，以二里头为代表的夏文化和三星堆的古蜀文化存在诸多相似性，碳14测定两者时间相近，包括铜牌、牙璋、陶豆、陶盉等多种器物相似。"蜀夏同源"正在引起越来越多的关注，这根红线甚至可能潜藏着带震动性的巨大谜底。

浩浩长江摩天滴露润土发祥，飞流直下5000米气势磅礴地奔向太平洋，奔腾激越着壮美的华章。星移斗转，日月星辰在流动，江河在流动。源远流长的长江，哺育出风光佳丽、经济发达、文化昌盛的长江文明，涛飞浪卷传出的是5000年永远向前的声威。长江是一部史诗，是华夏又一巨大图腾，它惊心动魄的急流和宽广安详的波澜，像黄河一样，紧密联系着中华民族的生存发展，紧密联系着中华民族的命运、特征、精神和品质。

世纪之交时，国际学界曾涌起一波反思的浪潮，在现代化、全球化的进程中要特别注意保护文化的多样性，希望留住让我们眷恋、产生归属感的某些东西。世界著名经济学家预测,21世纪将是太平洋世纪,这是一个中华民族伟大复兴的世纪,长江文明将在这个世纪中高奏凯歌。

2016年1月5日,在重庆召开的推动长江经济带发展座谈会上,国家主席习近平强调,长江、黄河都是中华民族的发源地,都是中华民族的摇篮。通观中华文明发展史,从巴山蜀水到江南水乡,长江流域人杰地灵,陶冶历代思想精英,涌现无数风流人物。千百年来,长江流域以水为纽带,连接上下游、左右岸、干支流,形成经济社会大系统,今天仍然是连接丝绸之路经济带和21世纪海上丝绸之路的重要纽带。

我们虔诚地以赤子之心祝福黄河,祝福长江。"蜀之为国,肇于人皇,与巴同囿。"李学勤先生说:"可以断言,如果没有对巴蜀文化的深入研究,便不能构成中国文明起源和发展的完整图景。"一个国家的文化形象就是它立足于世界的文化象征资本,是综合国力的一部分,而且是国家软实力的核心要素。2016年1月28日,四川省考古研究院公布三星堆"十二五"考古成果:古城北城墙确认;月亮湾小城合围,北部的城圈已基本清晰;三星堆遗址在西周时期,至少在西周早期仍比较繁荣。三星堆又展示了新的荣耀,灿烂的古蜀文化必将在群星闪耀的长江文明中放射新的光彩。

从三星堆到金沙

一

三星堆和金沙充满"神秘""神奇""神圣"。三星堆遗址（北纬30°59′01″~31°00′55″，东经104°10′34″~104°13′10″），分布范围达12平方公里，其中城址面积约4平方公里，是延续时间最长、等级最高的蜀文化中心遗址，基本代表了距今4800年至距今2600年间古蜀文化的文化面貌和发展水平。金沙遗址的鼎盛时期，根据碳14测定和地层学分析，在距今3200年至距今2800年，后者的兴起紧接着前者。相邻仅二三十公里的两处遗址均为全国重点文物保护单位，堪称古蜀文明辉煌历程的杰出代表。

三星堆出土的青铜器有极其强烈的地域文化特色，是古蜀青铜文化重要而灿烂的篇章，其种类繁多的神树、神坛、大立人像、人头像、纵目人像、面具、立鸟、龙形器、尊、罍、跪坐人像、太阳轮等等，在中国青铜文化中独树一帜。金沙的1200余件铜器中包含着太多的三星堆青铜文化因素，不仅仅是器物种类和风格的相似，甚至其青铜制造工艺也有秉承三星堆文化时期的那些工匠的可能。例如：金沙有一个戴旋涡样花冠的小铜人，花冠上有13股旋涡状的花芽，铜人直鼻方颐，颧骨突出，眼睛圆睁，明显有着男士的面容，奇特的是，脑后却拖着三条长达臀部的辫子，椭圆的大耳垂上有带耳饰的耳孔。神奇的是，三星堆铜人像也留辫子带耳饰，而且金沙小铜人抬在前胸的手势和三星堆青铜大立人一模一样，右手高左手低，手形比例稍大，五根手指握成溜圆的环形，由于两手孔不在一个直线上，对这手势的意思至今众说纷纭。有手握象牙、玉琮、稻菽穗等多种说法，也有认为他们什么也没拿，手势是古蜀先民祭天、祭地、祭祖宗的一种有特定含义的祭祀姿势。青铜人像那纵目抬手留存的信息，令后人渴望交流解读，但几千年的岁月却把密码深深包裹，找不到解码的钥匙，遗憾肯定是有的，但遗憾恰恰可以成为新的起点。

金沙的三星堆元素比比皆是，是一个既简单又复杂的问题，简单得一个普通人就能看出来，复杂的程度让专家学者积年累月都未理清，还将继续梳理研究。如今的三星堆博物馆，经过廿年的建设，一年四季都绿树荫郁、碧草繁花，旋转升腾状的螺形主馆高耸在鲜花绿树丛中。这块沃野平畴上，清代《汉州志》就有"三星伴月堆"的记载，马牧河古河道的两岸，一边是三个高出地面十来米的土堆，状如三星；一边是一个月牙形的台地，地名称作月亮湾，因而获得了一个很诗意的称谓"三星伴月"。博物馆旋转向上的墙围古朴凝重，选用的是土色墙面，仿佛真有点从"土堆"中长出来的意味，不断旋转升腾的螺线，至馆体顶部归缩为一个三角尖塔，塔身三面各吊挂着一个纵目人像，巨大的纵目是古蜀先民威严、亲切、神圣的目光，有如从历史深处射出。

孕育三星堆的鸭子河在遗址北边蜿蜒流过，调整千年的时差，这片生命之水，毋庸置疑给古蜀先民提供了饮用、灌溉、航运之便。岸上村落相望，祭天祭地祭河神，河上竹筏舟楫航行，晨曦晚霞中桨声灯影。古蜀先民有一种发自内心崇拜鸟的情愫，驻留在古蜀文明记忆中以鸟命名的三位伟人鱼凫、柏灌、杜宇，像是逝去的时间定格在不同的区间。"庄生晓梦迷蝴蝶，望帝春心托杜鹃。"每次读到这些诗句都让人遐思悠悠，那时还没有今日的空间概念，只能比照着中华大地上远古的君王们去理解他们关于天下的追求，黄帝、炎帝、蚩尤，他们都是那个时代创造了伟大业绩的君王，有着人类年轻时代共有的朝气和征服天下的雄心。

鸟是三星堆人主要图腾崇拜，被看作通天通神的使者，是太阳崇拜的集中体现，也反映了古人热爱大自然，与大自然和谐相处的理念。三星堆有众多的鸟形文物，鸟身人面像、戴冠的鸟、青铜大鸟头，甚至连舀水的陶勺把柄都刻成鸟头状，这鸟头把勺可不简单，三星堆遗址二、三期（距今约4000－3200年）出土的鸟头把勺、高柄豆是古蜀文化标志性器物。众多的鸟形文物，显示出远古蜀地众鸟翔集的祥和。金沙的鸟形文物也很多，更有声名显赫的中国文化遗产标志——太阳神鸟，金光闪闪的太阳神鸟饰镂空图案，内层圆圈分布有十二条旋转的齿状光芒，外层由四只首尾衔接的鸟组成，包含着一年十二个月和四季、四方的理念，显示出古蜀先民天文知识的卓越成就，亦充满了先民们对美好生活的向往，不乏自由、和谐、圆满的寓意。太阳神鸟把太阳的光芒打上了古蜀的印记，使得今天和过去千丝万缕的联系起来，犹如鸭子河的一泓清波，古树上的一片叶子，在阳光下有一片它们的影子投向我们的生活。

站在三星堆远望西山，即西天边的龙门山脉，莹华山、九顶山时常像浮在海中的岛，云飞雾走托起了天马行空的想象，长期沉寂的古蜀史有如飘舞着"白发三千丈"的长髯。成都平原在《山海经》中有个称谓叫"都广之野"："西南黑水之间，有都广之野，后稷葬焉。爰有膏菽、膏稻、膏黍、膏稷。百谷自生，冬夏播琴。鸾鸟自歌，凤鸟自舞。灵寿实华，草木所聚，爰有百兽，相群爰处。"短短几十个字像一部天书，将政治、经济、文化带给我们，也给我们一个巨大的想象空间。那是一个草木百兽的乐园，一个美得来让人心醉神迷的梦幻世界。金沙博物馆展有一个遗存的古树桩，人站在钢化玻璃上往下看，硕大的树桩直径至少两米，根系向四周延伸起码有上百平方米之巨，巨树根将一个巨树参天高古清纯的原始丛林留给参观者心驰神往。两个博物馆都展出有巨形乌木，乌木俗称阴沉木，碳14测定，鸭子河中的乌木时间较长的已有3000多年历史，与鱼凫国同期。完全碳化的乌木留下了古树的精魂，也伴随着"后稷葬焉。爰有膏菽、膏稻、膏黍、膏稷"这些古蜀先民们开发这块宝地的美好印记。

翻开古地质史，成都平原3亿年前是个海湾，1亿年还是个内陆湖，4000万年前的喜马拉雅造山运动抬升了湖底，其余波一直持续到300万年前，再加上湖水穿通了三峡，蜀湖终于消失。这种人间天堂般的环境也是在沧桑巨变中逐步形成的。当地球最后一个冰期肆虐的时候，似乎唯独避开了这块土地，保留了一部分未受冰河侵犯的绿色走廊，所以今天四川仍有弥足珍贵的大熊猫、金丝猴、银杏、水杉、桫椤等一批古动植物，也有被称为活化石的中国鸽子树——珙桐。

古蜀先民们离开蜀山，是翻越九顶山一带的龙门山脉，还是顺着岷山河谷来到了成都平原？至今还是一个谜。他们是走走停停，或在某地做过较长时间的居留，迁徙的原因是不是受了大地震的惊吓？那是一个大地震多发地带，仅现代，1933年、1976年、2008年，就发生过三次大地震。他们是否驮着蚕茧和谷物的种子，手握青铜兵器？初来乍到，狩猎和采集必须面对凶禽猛兽，饿肚子的时候恐怕多的是。其间是否发生过与本地土著的争斗？但他们最终爱上了这个地方，留了下来。翻动这片土地的沧桑，弹指数千年，说来我们真有些幸运，在历史长河中有那么多人读到过"蚕丛、鱼凫"，迷恋过那些记载，而我们是既读到又能一睹三星堆和金沙的真容，既震惊又唏嘘感慨。土地朴实厚重地包容着这片原野，以藏愚守拙般的宁静，洗尽铅华，滤去了滔滔名利的喧嚣烦躁，却不动声色地输出了天府之国悠久的文明。古蜀先民对成都平原的开发是成功的，自秦灭巴蜀后，秦益富饶，繁荣的巴蜀对秦成帝业起了重要作用。再往后，巴蜀也曾支持了刘邦旷日持久的楚汉相争，"高祖因之成帝业"。经过一段时间休养生息，西汉时京都长安的人口是8万户，成都已达到7.6万户，居第二位。

二

两处遗址均发现大量的象牙，三星堆两个祭祀坑发现体形较大的80根象牙。而且，一号坑上部还有一层约三立方米的骨渣，经鉴定除了猪、羊的肢骨和头骨，还有象的门齿和臼齿。三星堆的文物中也频频出现象的踪影，青铜大立人基座和神坛的中层，四方均铸有带长鼻的象头；青灰石边璋上刻绘的古蜀祭祀场景，图中悬置于右边神山内侧的弯状物，也酷似象牙；那个戴象冠的青铜人头像，象的大耳朵和卷曲的象鼻子生动而富有想象力，这些特殊的位置表明了大象在古蜀特别尊崇的地位。金沙遗址发现2-3吨象牙更让人震惊，其中最大一个象牙坑，上部规整地摆放着八层象牙，最长的1.85米，这种尺寸比之现代的亚洲象可谓硕大无朋，因为如今云南象的象牙一般只有70厘米长。金沙遗址的1000多根象牙，不仅有完整的，还有只截留象牙尖部的，以及切成一段段饼状和圆柱状的。如果加上报告文物部门之前被施工的挖掘机挖碎的，象牙形同小山，如此奢侈使用象牙在古代中国实属罕见。金沙遗址的一件玉璋残片，刻绘着一人侧跪肩扛象牙的形象，保留了古蜀人祭献象牙时诚惶诚恐、尊崇有加的画面。不排除一个可能，成都平原当年曾是象群的乐园，在绿野苍苍、森森林莽中，大象们曾尽情挥洒着它们那硕大的、呼啸的、雄壮的、所向披靡而又优哉游哉的生命节拍。

《山海经》中有"巴蛇食象，三岁而出其骨，君子服之，无心腹之疾"和"岷山，江水出焉……其兽多犀、象"的记录，《国语·楚语》有"巴浦之犀、氂、兕、象，其可尽乎？"的记载。大象和成群动物生活在当时的茂密森林中，所以《山海经》中记录了那么多诸如九尾狐、夔、马腹、穷奇、蛊雕、罗罗鸟等匪夷所思的奇禽异兽。世界上最大的秘密，莫过于生命的秘密。三星堆和金沙的象牙应是记录气候物种变迁的实证。用目光深情抚摸象牙，遥望先秦时期，如今的成都平原五谷飘香，高楼林立，科技迅猛发展，信息、数字化日新月异，人类的生活是越来越好，大象却早已绝迹。

大象极具灵性，自古受到尊崇并被神秘化，象牙甚至被认为会产生非凡的力量。《周礼》中就记载了用象牙杀水神的巫术。三星堆祭祀坑出土的象牙叠压在祭祀坑的上部，有的插入铜人头像的倒三角颈内。这些象牙未经过加工，牙身又有焚烧痕迹，极有可能是执行巫术埋入坑内的。金沙遗址紧邻河边，象牙镇杀水怪的作用更为明显。因为在修建都江堰之前，成都平原的水患频仍，古蜀人在对洪水万般无奈之下，只有寄希望于象牙，在祭祀中将珍贵的象牙成捆丢入滚滚波涛之中，期望其消弭洪灾。正如《周礼·秋官·壶涿氏》中的记载："壶涿氏掌除水虫，以炮土之鼓殴之，以焚石投之。若欲杀其神，则以牡棒午贯象齿而沉之，则其神死，渊为陵。"洪水暴虐恣肆毕竟会结束，新的一轮洪水泛滥之前，江河又会碧波荡漾，款款柔情播洒着生命的玉液琼浆，让古蜀人尽情享受风光如画的平原。

这些象牙的来路，也有学者认为来自南方丝绸之路，依据是这些象牙鉴定为亚洲象，而且三星堆遗址的青铜神树、金杖、金面罩、莲瓣铜铃挂饰等，均与南亚乃至西亚文物特征偶合，数量可观的印度洋和西太平洋海贝，则更是"南丝路"荣光的实证。不说别的，仅漫漫长途，险山恶水，长途运送的过程都令人难以想象。在三星堆博物馆螺形主馆前的圆形花圃中，矗立着一块"古代南方丝绸之路零公里"的黑色大理石碑，红色碑文为李学勤先生撰写。"南方丝绸之路的提出，在世界学术史上是非常重要的。应该把欧亚大陆作为一个整体来看,而中间进行连锁的环节,就是过去所说的几条丝绸之路。这几条丝绸之路里面,最值得进一步开发的,就是我们说的南方丝绸之路,即西南丝绸之路。而在西南丝绸之路这方面占据一个非常重要关键地位的,一定就是三星堆。"李先生高度评价了三星堆在南丝路中的重要作用。

丝绸之路的概念最早是德国地理学家李希霍芬(F.Von Richthofen)提出的。1868年秋天,当他初次来华时,经过鸦片战争打击的清王朝已风雨飘摇。为了方便,李希霍芬在他护照上加了个"李"字。两年后,他到洛阳走访川陕会馆、关帝庙等联谊祭祀场所,重点考察了城南关的丝绸、棉花市场。从洛阳到"撒马尔罕"(今属乌兹别克斯坦),这条绵延两千多年的古老贸易通道,被命名为"丝绸之路",概括以丝绸为主要内容的东西方商路,后来成为一种文化的代称。不过,当时动乱持续的中国,却难以消化这个研究成果。直到1955年,季羡林先生论文《中国蚕丝输入印度问题的初步研究》,正式提出"横亘欧亚丝路"概念。一石激起千层浪,经过众多学者多年的研究,丝路有广义、狭义之分,《诗经》中就有"女执懿筐""爰求柔桑"的叙述。先秦的《穆天子传》记录了大约公元前963年,周穆王赴阿尔泰地区与"西王母"宴饮,并赠"锦组百纯"。丝绸之路至少可以追溯到商代。"自黄帝时代至夏朝,应当是草原丝绸之路起源与形成的时期"。中国古代连接东西方的商路,不仅有北丝路、南丝路,也有草原丝路和海上丝路。

消弭军事威胁,谋求和平,是丝绸之路开通的原始动力源。丝绸之路上的交融是一种先进文明向周边的自然辐射,一种高势能文化向低势能文化渗透与浸润的自然过程。它不灌输侵略性,而是灌输互助合作精神。这一过程中,不同文明之间互通有无,学会对话消除隔阂,无数新奇的商品、技术与文化,逐渐传播到亚非欧不同的文明世界。

南丝路先秦时称作"蜀身毒道"或"滇缅道"。这条从成都平原出发,途经云南、贵州和两广,直达东南亚沿海和缅甸、印度以至中亚广大地区的古代商贸通道,线路最长、历史最悠久,穿过时空至今光彩夺目,堪称国际交通大动脉。称作南丝路,当然离不开丝绸,巴蜀是中国古代丝绸的发源地之一,黄帝正妃嫘祖生在四川,成都名"锦官城",蜀锦、蜀绣驰名中外。在时间上,养蚕缫丝比人们熟知的中国四大发明更古老,留有一些相当优美的传说。《搜神记》中"马头娘的传说"流传很广,大致相同的情节还见于《蜀中广记》卷七一:"蚕女者,高辛氏之世,蜀地未立君长,无所统摄,其人聚族而居,递相侵噬,广汉之墟,有人为邻土所掠去已逾年,惟所乘之马犹在……"值得注意的是"广汉之墟"即三星堆所在地广汉。又《四川通史》卷四四记载:古蜀"蚕女墓"在什邡、绵竹、德阳三县交界,石亭江北岸。三县交界也在这一区域,这些传说和记载,让三星堆神树以老成的姿态和高标遗韵,连接起中国丝绸畅远的回响。

三星堆的青铜人像戴着花冠、平顶冠和羽冠等多种冠冕，大立人更是身着三层华服，方形披巾上绣着龙纹，直达膝部的长襟衣上，装饰有人面形花边，依稀显示出刺绣的痕迹。这些丰富的纹饰，精致的图案，反映出当时服饰的水平，有身份尊崇，亦有巫术感应。这些服饰中说不定就有丝绸。由此联系到纺织这门更为古老的技术，三星堆有不少圆饼形和梯形的陶纺轮，这些早期的纺织工具，隐隐凸现着丝绸到服饰的痕迹。

近年来，学术界发现一个值得深思的北纬30°现象，两河流域文明、古埃及文明、中华文明、地中海爱琴文明、玛雅文明均处在北纬30°附近，而且发生、发展的时间也基本相近，这条纬线附近，汇聚了百慕大三角、埃及金字塔、巴比伦"空中花园"等地球上最为神秘的奇观和文化信息。其他文明均中断了，唯有中华文明一直延续至今，这不能不说是人类文明史的一大奇迹。三星堆和金沙巧就巧在它与那些伟大文明都处在北纬30度附近。两处遗址和成都平原如今陆续发现的多处古蜀文化遗址，古蜀文明奇峰突起，成为中华文明群星璀璨的一个亮点。

两处遗址均出土了大量金器，在数量和种类上，在我国商周时期均属罕见。金沙遗址出土的200余件金器中，有一个呈圆环形的金冠带，冠带重44克，圆圈直径19.6厘米－19.9厘米，带宽2.68厘米－2.8厘米，厚0.02厘米。金冠带上镂刻着四组相同的纹饰图案，分别有一鱼、一箭、一鸟和一圆圈，箭杆较粗横贯鸟颈有尾羽，箭头射入鱼身，鱼体丰肥鳍鳞毕现，极为生动。并非偶然，金冠带纹饰与三星堆的金杖箭穿鱼鸟图案一模一样，鸟成双驮箭射中鱼，其内容显然具有巫术性质，有古蜀人模拟巫术希冀渔猎丰收的祈祝。关于鸟，柏灌、鱼凫、杜宇三个王都与鸟有关，有鸟能捕鱼，又是鱼鹰的象征，鱼鹰，则正是鱼凫王朝视为神鸟的图腾崇拜。鱼和鸟如此紧密地联系在一起，是象征分别以鱼和鸟为祖神崇拜的两个部族联合组成的鱼凫王国，还是希冀鱼能潜渊，鸟能升天，具有上天入地的功能？这些故事总是那么奇妙，拨动隐秘的心弦，"庄生晓梦迷蝴蝶，望帝春心托杜鹃"融通转化为一种模糊的历史画卷，让人浮想联翩。

金杖、金冠带可能是王权和巫术的结合体，在殷商时期的成都平原出现文化内涵如此丰富的金杖，意义重大，其为权杖之说已为学术界普遍认同。从"禹铸九鼎"开始，中原夏、商、周三代都用"九鼎"作为国家最高权力的象征，连秦王朝一统天下，也是首先"据九鼎、案图籍"。使用权杖的现象，历史上却在西亚、近东和古埃及大量存在，会不会有经过南方丝绸之路与域外文明进行交流的可能？金冠带和金杖箭穿鱼鸟图案的同一性，雄辩地证明金沙遗址和三星堆的文化延续关系。

资料显示，黄帝、颛顼、鲧、禹等上古帝王，都与蜀地有关。《史记·五帝本纪》记述了黄帝的两个儿子降居在蜀地的沫水若水，《山海经·海内经》云："黄帝妻雷（嫘）祖，生昌意。昌意降处若水，生韩流。韩流擢首、谨耳、人面、豕喙、鳞身、渠股、豚止；取淖子；曰阿女；生帝颛顼。"据考证，韩流即高阳，文中所道的擢首，即僵直的长脖子。谨耳即葫芦状的耳型。豕喙，指大嘴巴。这三种体态特征，与三星堆出土的青铜人像群如出一辙。颛顼帝在《史记》中列为五帝之二，仅次于黄帝，就其葬所而言，有汉水、濮水两处，唯独他的出生地，只有若水一说，若水即今天的四川雅砻江。川西的黑土地托举起先民们的衣食住行，原野以藏愚守拙的宁静，不动声色地演绎了天府之国的黎明。

两处遗址均出现带典型良渚文化特点的玉琮，金沙的十节玉琮，高22.2厘米，上宽6.9厘米，下宽6.3厘米，半透明的青玉，质地温润，一度被称为"琮王"。玉琮是重要的祭祀工具，《周礼》记载："以苍璧礼天，以黄琮礼地。"内圆外方的玉琮，生动地说明了远古长江中下游文明的互相交流和影响。古蜀巫风盛行，那时的祭祀活动应渗透到了日常生活的方方面面。祭祀和巫术混生，巫师以巫术祈福禳灾，用卜筮决疑惑，延及医治疾病，扮演了人和鬼神间的中介角色。甲骨文中"巫"字的写法，就像人拎着牛尾或鸟羽起舞的样子。带有巫术色彩的原始歌舞，应普遍存在于祖先、英雄、神灵等祭祀中。从带有浓厚原始巫术色彩的龙、虎、鸟、蚕、鸡等图腾，到强烈的神树、神山、神灵、祖先、太阳崇拜,再融入想象丰富的神话传说,应该说,这个时期的古蜀先民的宇宙观和世界观已由初民的原始思维,逐渐形成了原始宗教意识。

蜀地为道教的诞生提供了良好的条件。由"巫"成"道","万物有灵"伴随其始终。在金沙遗址出土有占卜的龟甲,与来自殷墟的龟甲近年曾一起来三星堆展出对话。殷墟的龟甲,不仅有甲骨文记事,其所凿刻的痕迹或开孔都比较规则。金沙的卜甲埋藏区,发现大小卜甲19片,其中一片长59厘米,最大的卜甲上,圆窝大小差别不大,中部似有两排一组的意味,但从整个卜甲看,凿刻开孔及火烧痕迹又不算规则,具有随意性。龟甲上没有文字,这又显示出古蜀文明的神秘和独特一面。

1877年,美国历史学家摩尔根在他的《古代社会》中,首次提出榨油术和酿酒术的掌握,是人类文明初期生产力发展的重要成就。随后恩格斯在《家庭、私有制和国家起源》中进一步指出,人类掌握的榨油术和酿酒术,与冶炼术和制陶术一样,直接促进了第二次社会劳动大分工,即手工业从农业中分离出来。我国有着悠久的酿酒史,祖师爷传说是夏代的杜康,杜康即少康。殷商时已留下酒池肉林、喝酒成风的文字记载。成都平原酿酒史至少也可追溯到商代,《华阳国志》载:九世开明帝"始立宗庙,以酒为醴","醴"通"礼",酒成为重要祭品。

三星堆发现的小型酒具式样丰富多彩，有觚型杯、尖底盏、双耳杯、瓶形杯。细颈侈口成盅形的瓶形杯线条秀美，高约15厘米，容量约100毫升，酷似现今四川农村还在使用的一种小酒瓶，可见古蜀先民卓越的审美所具有的巨大生命力。3000年前古蜀国酒事隆盛，不仅受到王公贵族追捧，而且也惠及寻常百姓。现在看来，"醴"很可能是一种清酒，因为瓶形杯的瓶颈较小，装在其中的酒只能沉渣啜饮，不同于古代中原"汁滓相将"的酒。酒可以除湿，四川盆地潮湿，所以酒历来受到四川人的厚爱。三星堆的大量酒具出现，在酒史上可是一件大事，将蜀酒的历史一下子上溯到新石器时代。而且说明当时已有较成熟的酿酒技术，有足够的剩余粮食满足大量用酒的社会需要。

汉代邹阳的《酒赋》云："凡酒以色清味重为圣，色如金而醇苦者为贤。"清酒应从浊酒发展而来。在唐代，三星堆这一带有鹅黄酒，其酒色嫩黄而醇。《方舆揽胜》载："鹅黄乃汉州酒名，蜀中无能及者。"杜甫曾有诗："鹅儿黄似酒，对酒爱新鹅。"陆游在《对酒》中也盛赞鹅黄酒："新酥鹅儿黄，珍橘金弹香。天公怜寂寞，劳我可一觞。"时间由唐及宋，深受人们喜爱。成都有一件战国早期的错金铜壶，大致属于开明时期，比三星堆的鱼凫时期晚几百年，壶上雕刻着古蜀贵族赏乐观舞举杯豪饮的场景，一斑窥豹，可推测三星堆和金沙先民酿酒和饮酒的欢乐。蜀酒香贯古今，三星堆的酒器带着微笑,高踞于蜀酒的源头。

三

从温暖岁月深处回眸,古蜀先民在建筑物的方向上居然有一种默契,1986年发现的三星堆遗址两个大型祭祀坑。近年,在青关山台地发现一座长60米、宽20米,面积超过1000平方米,极有可能是"宫殿"的大房子,和几十里外的用作祭祀的成都羊子山土台,都以北偏西45度指向西北方。这种方向的准确定位很神秘、神奇,极富宗教意味,而且显示出古蜀先民对方位测定上的科技含量。面对这个方位,仿佛通灵一般,瞬间就勃动着一种气势,一种崇拜的力量,让人通过视觉把一个普通物体变成神秘物体。

在近现代,通过考古发现的数十处古蜀文明遗址中,三星堆遗址和金沙遗址光芒最为耀眼,三星堆和金沙相继建立博物馆后,两个博物馆已建立了深厚的友谊。金沙博物馆建馆之前,三星堆博物馆曾辟出展区,介绍展出金沙遗址的辉煌。金沙博物馆建馆后也辟出展区,展出三星堆遗址的精彩内容。两个博物馆互相支持开展学术交流,文博人才互动培训,互相来往听讲座,开展了很好的协同合作。从2009年开始,还一起联合开办了《古蜀探秘——三星堆和金沙出土文物精华展》,几年来,这个精华展已联合展出几十次,国内先后在广东、辽宁、山西、内蒙古、宁夏等10多个省、市、自治区展出，还在美国、日本、新加坡等国家和中国香港、中国台湾地区展出，产生了广泛影响，建立了深厚的友谊。

2011年，三星堆与金沙的申遗文本编制完成，经国家文物局组织专家评审，并按专家意见进行修改。2013年1月，三星堆遗址、金沙遗址和古蜀船棺合葬墓并为古蜀文明遗址，被国家文物局列入更新后的《中国世界文化遗产预备名单》。2014年，三星堆保护规划修编工作启动，目前正稳步推进。在申遗工作上，成都市规划局严格控制了金沙遗址周边新建筑的高度、色泽等，还针对周边的民宅、道路、绿化实施了全面整治，使之与金沙遗址的厚重文化底蕴相匹配，金沙遗址博物馆采取的一系列保护行动，起草了金沙遗址的保护条例，申报文本全面阐述了金沙遗址的真实性、完整性和价值。

2016年2月，由四川省文物考古研究院、四川博物院、成都博物院、三星堆博物馆等单位共同发起，在三星堆博物馆成立了中国玉文化研究会三星堆-金沙文化专业委员会。该专委会将整合各方力量和资源，对古蜀文明中的崇玉现象、古蜀深刻的文化内涵和精神世界等展开系统性的研究探索。

2016年7月18日，三星堆纪念两个祭祀坑发现30周年。当三星堆博物馆提出要进行黄河流域和长江流域商代青铜器对话的时候，得到了中国社会科学院考古研究所、金沙博物馆等9大博物馆、研究院的响应，上百名来自全球和全国各地的文物考古界的专家携带大量相关的研究资料来到四川。三星堆和金沙共襄盛事,通过文物对比研究的展出,揭示古蜀国的存在及其发展历史,古蜀文明是中华文明在长江上游的又一个古代文明中心。

2017年6月9日,柬埔寨吴哥窟管理总局、四川广汉三星堆博物馆及成都金沙遗址博物馆共同签署《吴哥窟、三星堆博物馆、金沙遗址博物馆文化合作三方谅解备忘录》,合力打造大型旅游文化综合体,为中柬双方在文化领域深入合作搭建了桥梁。同日,三星堆博物馆与成都金沙遗址博物馆又共同签署了《三星堆与金沙共同推动"申遗"合作协议》。有理由相信,共同申遗在不久的将来定会成功。

抚今追昔,人类终于发展到了宇宙飞船上天,人类基因结构破译,生物可以克隆,电脑将偌大一个地球连接成地球村的时代。怀着对古蜀文明深深的敬意站在三星堆和金沙之间,回望蚕丛、鱼凫、杜宇和开明,三星堆和金沙犹如古蜀文明的两枚巨章,带着几千年的重量,打印在成都平原上。笔者曾两百多次走进三星堆博物馆,在夕阳中凝眸三星堆那螺旋形上升的曲线,常会生出点晕乎乎旋转升腾的感觉,就像被古蜀文明轻轻托起一样,三星堆和金沙,在人类进入21世纪的伟大时代,正在散发着越来越璀璨夺目的光芒。